网商创业教学企业项目化教学系列教材

网店数据分析

主　编⊙刘电威
副主编⊙卢锦坤　邹乐意
参　编⊙廖敏慧　彭仁旺

清华大学出版社
北　京

内 容 简 介

本书以基于DACUM的职业技能培训和基于BAG的职业行动能力教育为框架结构，详细介绍了淘宝网店的数据分析工具，包括淘宝搜索与淘宝指数、量子恒道、数据魔方等，同时采用真实的淘宝网店作为案例进行数据分析，注重理论与实践相结合，语言简明扼要，通俗易懂。

本书作为网店数据分析的教学企业实训教程，既可用作高职院校电子商务专业的教材，也可供网上创业者阅读参考，以及作为自学或机构培训用书。

图书在版编目（CIP）数据

网店数据分析 / 刘电威主编. —北京：清华大学出版社，2014（2022.2重印）
网商创业教学企业项目化教学系列教材
ISBN 978-7-302-37215-8

Ⅰ. ①网… Ⅱ. ①刘… Ⅲ. ①电子商务－网站－数据管理－教材 Ⅳ. ①F713.36 ②TP393.092

中国版本图书馆 CIP 数据核字（2014）第 152159 号

责任编辑：陈仕云 张凤丽
封面设计：刘 超
版式设计：文森时代
责任校对：马军令
责任印制：杨 艳

出版发行：清华大学出版社
　　　　　网　　　址：http://www.tup.com.cn，http://www.wqbook.com
　　　　　地　　　址：北京清华大学学研大厦A座　　　　　邮　　编：100084
　　　　　社 总 机：010-62770175　　　　　邮　　购：010-62786544
　　　　　投稿与读者服务：010-62776969，c-service@tup.tsinghua.edu.cn
　　　　　质量反馈：010-62772015，zhiliang@tup.tsinghua.edu.cn
　　　　　课件下载：http://www.tup.com.cn，010-62788951-223

印 装 者：大厂回族自治县彩虹印刷有限公司
经　　销：全国新华书店
开　　本：185mm×260mm　　印　张：12.5　　字　数：253千字
版　　次：2014年12月第1版　　印　次：2022年 2月第5次印刷
定　　价：49.00元

产品编号：053877-03

丛书编委会

丛书主编：严中华　朱立伟

编　　委：（排名不分先后）

丛书序

自我国提出大力发展高等职业教育以来，高职教育已取得了前所未有的成就，特别是2006 年教育部颁布了《关于全面提高高等职业教育教学质量的若干意见》，指出高职教育是高等教育的一种"类型"以来，高职教育的发展更是欣欣向荣。通过职业教育体制改革试点工作、第一期和第二期国家示范性院校建设（包括国家骨干高职院校建设）项目、高等职业教育国家精品课程开发项目、国家级精品资源共享课开发项目、职业教育专业教学资源库建设项目、职业教育实训基地建设项目、全国职业院校技能大赛的启动和实施等，高职教育日益彰显其作为一种"类型"的本质属性和特征，在中国职业教育体系建设中不断发挥其引领、示范和骨干作用。2014 年 3 月 25 日，教育部在"加快构建现代职业教育体系"工作布置会议中提出的"修订《职业教育法》、深入推进中高职衔接、组织开展国家和省两级本科院校向应用技术类型高校转型"等一系列举措更是将高职教育推向新的发展阶段。

中、高级技术技能型人才培养体制与模式也由传统封闭的学校教育转向现代开放的"政校行企"多元主体合作办学、合作育人、合作就业、合作发展的体制与模式，基于校企双主体的"工学融合"已成为高职教育人才培养体制与模式改革的重要切入点。但是要实现这一培养体制与模式，课程改革是关键。高职教育与普通高等教育的类别特征及与中等职业教育的层次区别，也集中反映在其课程体系与课程内容之中。正如姜大源先生所说，想实现工学结合，而不对课程进行改革，那么只能是镜花水月。课程始终是职业教育和教学改革的核心。事实证明，没有课程改革的教育改革一定是一场不彻底的、没有深度的改革，因而也不可能成为有实质性突破的改革。

正由于此，中国高职教育的整体改革步伐始终伴随着三次课程改革的浪潮。第一次浪潮为 20 世纪 80 年代中后期至 90 年代初，课程改革重点强调建设学科体系和实践体系双轨制的课程体系；第二次浪潮为 20 世纪 90 年代中后期至 21 世纪初，课程改革重点强调建设能力本位的模块化高职教育的课程体系；第三阶段为 2006 年以后，开始探索构建基于工作过程系统化和项目化的行动导向的课程体系。

广东科学技术职业学院经济管理学院，一直践行"理念保持先进、实践逐步推进"的高职教育改革策略，在课程体系和教育场所创新的道路上进行了不懈的努力。特别是经济管理学院电子商务专业，自 2010 年被国家列入"骨干高职建设院校重点建设专业"以来，更是进一步强化了基于工作过程系统化的课程体系和以"教学企业"为主载体的教学场所系统的改革，同时启动与其相配套的课程与项目化教材建设，致力于保证课程教学内容与电子商务行业运营实践、技术应用相匹配，以及采用的教学方法与职业教育的特点相适应，"网商创业教学企业项目化教学系列教材"就是这一努力的结晶之一。

本丛书具有以下三个特点。

1. 个性化和通用性的结合

总体而言，编写本丛书是为了满足"教学企业"建设的需要。校企双方投入优势资源共建集生产运营、专业教学、实训实战、社会服务等功能于一体的"教学企业"，是电子商务专业致力打造的人才培养主基地，也是国家骨干高职建设院校重点专业建设的主要任务之一。但是如果没有一套与"教学企业"建设目标相匹配的教学指导用书，"教学企业"专业教学和培训功能就无法有效发挥，因此，与相关企业合作，编写发挥现有电子商务"教学企业"即"网商创业中心"专业教学和培训功能的一套指导书就成为必然。

根据网上创业成功的技能和素质要求，本丛书包括《网店启动》、《网店美工实战》、《网店营销工具使用》、《网店数据分析》、《网商创业项目实战》、《网店客服》、《网店物流运营》、《国际电子商务实战》、《电话访问实务》，共九本书。由于电子商务行业职业岗位的特殊性，其整个专业所需要培养的能力与网上创业所需要的能力大部分是重叠的，因此，本丛书也可以作为电子商务专业的核心课程教材。

2. "术"与"道"的结合

本丛书的最大特点是力图将"术"的培训和"道"的培养紧密结合起来。前者主要满足电子商务学生从事当前职业就业岗位对技术技能水平资格的要求，后者主要满足电子商务学生个性发展和终身学习诉求的需要。

"教学企业"用书必须解决"教什么"和"如何教"两大问题，综观世界职业教育发展的历史可知，职业教育与学科教育的最大差别是，职业教育强调"教职业任务"而不是"教学科知识"，重点诉求是"做中学"而不是"学中做"。

目前，开发"任务"课程与教材有两种模式。一是20世纪60年代末由加拿大区域经济发展部开发的DACUM（Developing A Curriculum）模式，是主要针对职业资格培训的工作任务分析模式。本丛书采用该方法的目的是梳理出以任务形式描述的胜任电子商务各就业岗位能力的培训主模块和次单元，其最终结果形成了本丛书各分册中的第二篇基于DACUM职业技能培训的编写结构。二是20世纪90年代由德国不来梅大学技术与职业教育研究所（ITB）开发的BAG（Berufliche Arbeitsaufgaben）模式，是主要针对综合职业行动能力教育的典型工作任务分析模式。本丛书采用该方法的目的是梳理出电子商务职业的典型工作任务，并对此进行教学情境设计，以形成一系列学习性项目，其最终结果形成了本丛书各分册中的第三篇基于BAG职业行动能力教育的编写结构。DACUM模式解决的是单项技能的培训问题，而BAG模式则更关注基于六步骤行动导向教学的跨职业核心能力的培养。因此，本丛书借助DACUM和BAG两种课程开发模式，力求实现电子商务专业学生"术"的培训和"道"的教育的结合。

3. 学校和企业的结合

本丛书的编写从构思、开发到实施，每一阶段所取得的成果，都是校企双主体共同努力的结果。我们依托广东省电子商务协会、珠海市电子商务协会、电子商务专业校企合作理事会以及阿里巴巴集团、广州昊王皮具有限公司、广州杜爵皮具有限公司、珠海海纳城电子商务产业园、珠海阳光儿童用品有限公司、珠海泛珠互联信息技术有限公司、珠海威丝曼服饰股份有限公司等的电商运营部门，就本丛书的编写形式和内容开展多次调研和访谈，使本丛书的内容以及学习情境和学习项目的设计能与电子商务行业先进的标准对接。

他山之石，可以攻玉。希望"网商创业教学企业项目化教学系列教材"不但可以成为电子商务专业开展"做中学"教学实践的用书和服务社会的培训教材，也能为拟开展课程体系改革以及课程与教材建设的相关高职专业提供有益的借鉴。

是为序！

全国电子商务职业教育教学指导委员会电子商务专业委员会委员
广东省高等职业教育管理类专业教学指导委员会副主任委员
广东科学技术职业学院经济管理学院院长
严中华教授
2014 年 10 月

V

前言

随着电子商务的飞速发展，网店的数量突飞猛进，同时也有大量的网店倒闭。运营一个网店时刻要面对各种各样的数据，哪些数据是重要的，哪些数据会对整个运营产生重大影响，如何通过数据的变化来判断网店运营中出现的情况，如何根据数据分析的结果对网店进行优化和策略的调整，进而促进网店的流量和转化率的提升等，这些都将对网店运营起到举足轻重的作用。可见，数据分析变得越来越重要。

《网店数据分析》是高等职业院校电子商务专业的一门教学企业内课程，旨在培养学生掌握数据分析的知识，以诊断网店的运营情况，并提出解决办法。通过引入教学企业内的真实项目，着重培养学生的动手操作能力。

本书以职业教育理念和教学企业内真实项目的技能培养要求为指导，以项目化体例、DACUM 职业技能培训和 BAG 职业行动能力教育为框架结构，对网店数据分析工具的使用进行了详细的讲解，在内容安排上注意承上启下，由简到繁。

全书共分三篇。第一篇导论对网店数据分析的整个学习领域工作流程、典型工作任务及学习目标要求等进行了描述，并分别用 DACUM 和 BAG 两种职教课程开发的先进方法进行了项目和任务的总体设计。第二篇用基于 DACUM 职业技能培训的方法设计了淘宝搜索与淘宝指数、量子恒道、数据魔方以及网店数据实战案例四个项目，项目二至项目四的前几个任务着重介绍数据分析工具的基本概念和基本使用方法，最后一个任务结合实际的案例讲解工具的实际运用。项目五通过淘宝网店"全球专业录音笔店铺"店主的真实数据分析案例的讲解，使读者对数据分析有一个整体的认识。第三篇基于 BAG 职业行动能力教育方法设计了新店数据分析、成长型店铺数据分析和成熟型店铺数据分析三个项目。项目难度从易到难，所用工具从简单到复杂。前面项目是后面项目的基础，后面项目是前面项目的升级，读者在掌握第二篇的基础学习之后，通过这些项目的设计与实践，能组织团队或在教学企业内老师的指导下完成这些项目，更好地掌握网店数据分析的技能。

本书由刘电威担任主编，卢锦坤、邹乐意任副主编，其中：项目四由卢锦坤完成，项目二由邹乐意和刘电威共同完成，其他部分由刘电威独立完成。参与本书编写工作的还有廖敏慧、彭仁旺。

本书的编写工作得到了广东科学技术职业学院经济管理学院严中华院长的大力指导以及"全球专业录音笔店铺"店主"远方小海鸥"的数据支持，同时在本书的编写过程中，参考了一些电子商务网站资料和书籍，在此一并表示衷心感谢！由于作者水平有限，不足之处在所难免，敬请读者提出宝贵意见或建议。

刘电威

2014 年 10 月

目录

第三篇　基于BAG职业行动能力教育

第一篇 导论

《网店数据分析》作为电子商务专业网商创业教学企业项目化教学系列教材之一，在电子商务人才培养中承担着重要的角色。

导论部分是对本书系统的描述，针对网店数据分析这个学习领域的工作流程、典型工作任务、学习目标要求等进行了描述，并分别用DACUM和BAG两种职教课程开发的先进方法进行了项目和任务的总体设计。

项目一

网店数据分析学习领域认知

本项目主要帮助读者了解网店数据分析的学习领域整体定位、学习目标等基础知识，并给出了本课程的整体设计方案，即基于DACUM职业技能培训和基于BAG职业行动能力教育的具体学习项目、学习任务、学时安排，以及相应的考核评价方式建议。

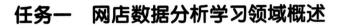

任务一　网店数据分析学习领域概述

一、学习领域定位

本学习领域是针对网店数据的分析，包括淘宝搜索的数据分析、淘宝指数的数据分析、量子恒道店铺统计、数据魔方的数据分析、行业竞争数据分析、品牌建设分析、顾客人群简单数据分析、网店选款数据分析、标题关键词简单数据分析、上下架时间数据分析、收藏量数据分析等。通过以上数据的分析，旨在提高网店的流量和转化率，促进网店的成长和销售。

《网店数据分析》是高职院校电子商务专业重要的实践课程。通过本课程的学习，使学生熟悉淘宝店铺应该关注哪些数据，熟悉根据数据去分析网店的状态和营销的方向，以促进网店的销售和成长，引导学生为以后的就业和创业做好充分的准备。

二、学习目标

本学习领域教学过程是以学生为主体，以职业岗位技能培养为核心，引导学生开展"自主—合作—探究"式的学习，重在培养学生的职业能力和职业素养，为学生的就业打下坚实的基础，培养学生的专业能力、方法能力和社会能力。

1. 专业能力

通过新店数据分析的学习实践，使学生具备简单的行业分析、顾客分析、网店选款和标题关键词分析能力，从而做好新店的店铺定位。

通过成长型店铺数据分析的学习实践，提高学生对标题数据、上下架数据、收藏评价数据、爆款数据分析的能力。通过爆款带动和优化促进网店的快速成长。

通过成熟型店铺数据分析的学习实践，使学生能够精细地分析行业、品牌、顾客，并能与同行进行对比，保证店铺能持续经营。

2. 方法能力

方法能力主要包括理解分析能力、动手实践能力和统计分析能力。

3. 社会能力

社会能力主要是指沟通能力、相互配合的团队协作能力。

任务二　网店数据分析课程设计

一、基于 DACUM 职业技能培训的学习内容

本学习领域基于 DACUM 职业技能培训的学习内容主要分为四个项目，从网店数据分析的工具介绍入手，详细分析了网店数据分析工具的使用和具体运用，同时结合真实的网店店主的数据分析实战分享，帮助读者更详细地学习网店数据分析工具的使用。具体项目安排见表 1-1。

表 1-1　基于 DACUM 职业技能培训的学习概况

学习项目	模块描述	学习任务	参考学时
项目二：淘宝搜索与淘宝指数	熟悉数据分析工具：淘宝搜索与淘宝指数	任务一：店铺流量分析	1
		任务二：宝贝标题与搜索关键词	1
		任务三：淘宝指数	1
项目三：量子恒道	熟悉数据分析工具：量子恒道店铺统计	任务一：量子恒道登录简介	1
		任务二：量子恒道流量分析	1
		任务三：量子恒道量子店铺统计销售分析	1
		任务四：量子店铺统计直通车	1
		任务五：量子恒道其他功能	1
		任务六：量子恒道量子店铺统计的运用	3
项目四：数据魔方	熟悉数据分析工具：数据魔方	任务一：数据魔方简介	1
		任务二：数据魔方第一时间报表	1
		任务三：数据魔方行业分析报表	1
		任务四：数据魔方市场细分	1
		任务五：数据魔方其他功能	1
		任务六：数据魔方数据分析应用	3
项目五：网店数据实战案例	本项目为案例分享，由"全球专业录音笔店铺"店主"远方小海鸥"分享，从店铺的孕育期一直到店铺的发展成熟，一步一步进行数据分析	任务一：新店选品数据分析	自学
		任务二：选款数据分析	
		任务三：宝贝成长数据分析	
		任务四：宝贝关键词的数据精细化	

二、基于 BAG 职业行动能力教育的学习内容

基于 BAG 职业行动能力教育的学习内容设置为三个项目，项目难度从简单到复杂递进，同时，项目的设计也考虑了学习者学习进度的问题，从新店到成熟店铺的设计，所使用的数据分析工具也是先简单后复杂。具体项目设计如表 1-2 所示。

表 1-2　基于 BAG 职业行动能力教育的学习概况

学习项目	模块描述	学习任务	参考学时
项目六：新店数据分析	新店一般从简单的分析入手，简单分析行业、顾客人群和标题关键词数据，同时选出 1~2 款宝贝主推	任务一：简单行业竞争数据分析	6
		任务二：简单网店选款数据分析	6
		任务三：顾客人群简单数据分析	6
		任务四：标题关键词简单数据分析	6
项目七：成长型店铺数据分析	店铺的成长期主要关注自身店铺的发展，应推动 1~2 款爆款产品，带动销售	任务一：宝贝标题数据分析	6
		任务二：上下架时间数据分析	6
		任务三：收藏量与评价数据分析	6
		任务四：发现爆款宝贝	6
项目八：成熟型店铺数据分析	店铺成熟期应维持销量，此时，在做好店内精细化分析的同时，要加强品牌建设，同时要关注行业整体和同行竞争	任务一：行业整体详细分析	6
		任务二：同行对比分析	6
		任务三：品牌建设分析	6
		任务四：顾客精细分析	6

三、考核评价方式建议

在能力本位的课程考核中，依据课程性质可以采用灵活多样的考核方式，并提供具体的成绩评定办法。在本书第三篇中每个任务都设置了考核指标及考核方式。针对不同的考核指标，分别分为小组、指导老师和企业专家等不同的考核组合方式。

在考核时，要做好几个结合：理论与实践结合，既要有以测试认知水平为主的知识考核，又要有以考核技能为主的操作考核；仿真与现场结合，既要在模拟的职业环境中考核，又要在真实的职业活动中考核；结果与过程结合，既要重视最终工作任务的完成情况，又要重视学生能力形成的整个学习过程。

第二篇　基于 DACUM 职业技能培训

本篇共设置四个项目，分别是淘宝搜索与淘宝指数、量子恒道、数据魔方以及网店数据实战案例。项目二、三、四详细讲解了数据分析的工具，每个项目后都有相关的应用案例。项目五为"全球专业录音笔店铺"从新店开张到成熟期的数据分析实战案例。

项目二

淘宝搜索与淘宝指数

  网店数据分析的主要目的是给运营和推广部门提供决策的依据，旨在有效提高网店流量和转化率，从而促进商品的销售。对于初学者来说，首先要了解店铺流量，利用淘宝搜索与淘宝指数的数据分析可以提高免费流量以及店铺的运行效率，从而带动销售。

  无论是实体店还是网店，流量都是通过展示来获得的。实体店一般通过好的地理位置来展示商品而获得较高的客流量，当然，代价是支付较高的租金。那么，网店如何才能让店铺及商品展示在客户面前？如何通过淘宝搜索来提高免费流量？针对这些问题，本项目主要介绍店铺流量、淘宝搜索以及淘宝指数相关知识。

任务一　店铺流量分析

目前，对淘宝流量构成的分类有很多种。按照流量来源可分为站内流量和站外流量两种，按照流量获取渠道可分为基础自然流量、付费推广流量、活动流量、会员营销流量和其他流量五种。不管怎样划分，流量的结构都是动态的，并且在不同经营形态下来源流量的占比也就不一样。本书将淘宝流量分为免费流量和付费流量，对于初学者来说，一般不宜通过付费的方式获得初始流量，所以本任务重点介绍免费流量。

一、淘宝店铺的免费流量分类

淘宝店铺的免费流量主要来自于淘宝网的首页搜索和类目筛选。一个成功的淘宝店铺，免费流量应占店铺总流量的 40% 以上。淘宝搜索流量巨大，并且转化率最高，凡是热销的宝贝，其淘宝站内搜索流量往往占 50% 以上，可见淘宝搜索流量的价值之大。

淘宝网的首页搜索又分为宝贝搜索和店铺搜索，如图 2-1 所示。

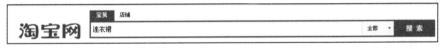

图 2-1　淘宝网的搜索页面

除了首页搜索以外，类目筛选也是带来免费流量的主要入口之一，类目筛选页面如图 2-2 所示。

图 2-2　淘宝类目筛选页面

二、淘宝网店搜索流量分析

淘宝搜索的当前排序主要有综合排序（也就是之前的默认排序）、按人气排序和按销量排序，这三个排序是目前淘宝搜索流量中最集中的三个排序，说明买家在靠淘宝搜索宝贝关键词的时候，更多的是从这三个排序里去选择，搜索流量分流到按信用排序和按价格排序的相对要少得多。

1. 综合排序下的排名影响因素

综合排序下的排名影响因素，主要有相关性、作弊降权、下架时间和 DSR 评分。

（1）相关性。相关性又分为类目相关性、关键属性相关性和标题相关性。

① 类目相关性。类目相关性是指发布宝贝的时候把它放到了哪个类目下，类目选择十分重要，如果类目放错了，宝贝销量再高，人气再高，直接搜产品词也搜不到。所以在发布宝贝的时候，类目一定要放正确。要想知道产品放的类目是否正确，可以让淘宝搜索来判断，把产品的主关键词放到淘宝搜索上去搜索，看显示结果在哪个类目下。如图 2-3 所示，搜索连衣裙，搜索展现的是在所有分类—女装—连衣裙这个类目下，说明连衣裙宝贝放到这个类目下才是正确的。

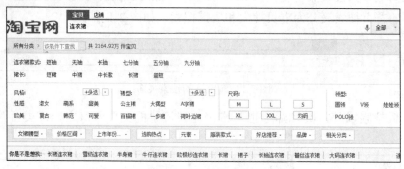

图 2-3　类目设置

② 关键属性相关性。关键属性是对网店产品相关信息的进一步说明，比如连衣裙，风格是通勤类、领型是 V 领、面料是雪纺等，这些信息是判断这个产品到底是什么的依据，有了这些信息，买家搜索的时候才会检索到相关宝贝，所以在后台发布新宝贝时，设置关键属性信息很重要，设置越详细准确，被检索的概率越大。如图 2-4 所示为连衣裙的关键属性信息。

宝贝详情	评价详情(18)	成交记录 (608件)
货号: 6816	风格: 通勤	通勤: 韩版
组合形式: 单件	裙长: 超短	款式: 吊带
袖长: 吊带	领型: 圆领	腰型: 中腰
衣门襟: 套头	裙型: 大摆型	图案: 花色
流行元素/工艺: 蝴蝶结 印花	面料: 雪纺	成分含量: 81%(含)-90%(含)
材质: 聚酯纤维	适用年龄: 18-24周岁	年份季节: 2014年夏季
颜色分类: 图片色	尺码: S【建议70-90斤】 M【建议9...	

图 2-4　关键属性

③ 标题相关性。搜索的工作原理是买家输入产品关键词后，如"雪纺连衣裙"，淘宝搜索会开始全网检索，首先按类目检索，会在所有分类—女装—连衣裙里开始检索，如果类目放错了，直接第一轮检索就会把该宝贝排除在外；然后按属性检索，找出所有在这个正确类目下属性带雪纺的宝贝；最后是对宝贝标题里含有雪纺关键词的宝贝进行匹配，全网检索出这些宝贝后，再开始根据其他的因素来综合排序，得出最后的排序结果，如图 2-5 所示。由此可见，淘宝搜索的原理，也就是相关性的核心。

图 2-5　标题相关性

（2）作弊降权。影响综合排序的第二个因素是作弊降权，靠炒作提升销量和信誉，发广告商品做外链引流或者使用套餐超低价来提高销量，这些都属于作弊，一旦被查出来，淘宝网肯定会给宝贝搜索降权，严重的会给予屏蔽。如果宝贝被判定作弊，淘宝网不可能给予好排名。否则对其他诚信经营的卖家来说不公平，对于买家和淘宝整个平台的发展来说也不好，淘宝搜索要做的是把最好的宝贝和服务推荐给买家，这是它的初衷。被降权的主要原因有炒作信用、故意堆砌关键词、广告商品、重复铺货、邮资虚假以及套餐超低价等。

（3）下架时间。第三个影响综合排序的因素是下架时间，它是在所有宝贝的综合排序下很重要的一个影响因素，也是卖家能让自己的宝贝排名靠前的机会。淘宝搜索设计下架时间是为了公平，用来保证每个商品都有可能展现到前面位置，不管是大卖家还是小卖家，在下架时间上都是平等的。

（4）DSR 评分。DSR 评分具体指标是宝贝与描述相符程度、卖家的服务态度、卖家发货的速度。DSR 评分是淘宝搜索衡量一个店铺服务质量的重要参考，只要你的 DSR 得分高，人气值高，你的宝贝就会被淘宝搜索引擎"破例"优先展示给买家，淘宝搜索引擎设计的目的是将淘宝最好的宝贝，最符合买家需求的宝贝优先推荐给买家，让每个买家进来淘宝购物，都能够享受到美好的购物体验。

2. 人气排序下的影响因素

人气排序下的关键影响因素有销量、转化率、收藏量和回头客。

（1）销量。销量分为宝贝最近 30 天的销量和最近 7 天的销量，最新搜索中以最近 7

天的销量作为主要参考，也就是宝贝在 7 天内的表现如何，有没有潜力？例如：有 A 卖家和 B 卖家，他们卖的是同样的产品，A 卖家在最近 7 天的销量稳中有升，而 B 卖家最近 7 天的销量则在下滑，虽然 7 天内 A 和 B 的销量总数一样，但对于搜索来说，它更愿意给 A 卖家比 B 卖家更好的排名位置，因为 A 卖家的店铺是具备上升潜力的店铺。

（2）转化率。转化率是指 100 个顾客看了你的宝贝，最终有多少个顾客产生了购买的比例。在淘宝官方的定义是成交用户数占访客数的百分比，即成交用户数 / 访客数。淘宝搜索的设计目的是为了让买家尽可能在淘宝平台上促成交易，所以要找那些转化率高的宝贝推荐到前面给买家。对卖家来说，每天都在找各种流量，甚至是垃圾流量都引到自己宝贝上来，比如很多新卖家到各种 QQ 群去贴自己的宝贝链接，求点击收藏等，靠这种方式即使带来了 1 000 个垃圾流量，如果没转化，也只会拉低宝贝转化率，该宝贝在搜索结果中就是转化率极低的宝贝，也就没有办法排到前面去。

（3）收藏量。很多买家会收藏自己喜欢的宝贝，或者收藏喜欢的店铺，以方便以后再次购买。收藏量从侧面反应了宝贝受欢迎的程度，需要注意的是，虽然目前有一些人专门帮卖家刷收藏量，但是他们肯定不是只做你一家的生意，而且淘宝搜索目前已经有技术可以识别出这种假收藏，不会因为靠刷的收藏量就给你的宝贝在搜索上加分，所以劝大家别花冤枉钱去做没有意义的事情。

（4）回头客。回头客是指在店铺重复购买的客户。回头客比例越高，说明宝贝的质量和店铺服务越好，因为只有这样买家才会乐于重复购买。回头客比例越高，其导致的更多的搜索就会带来更多新的用户，从而回头客比例会降低，然后再转化提升，形成一个良性的正循环。

三、淘宝类目流量分析

类目，是指宝贝在淘宝网所属的行业及分类，即淘宝对货架的分类。买家通过首页，点击进入某个行业及类目后可以查看该类目下的宝贝。比如，羽绒服或连衣裙，类目与搜索不同，搜索时买家会给出产品关键词，而选择类目查找商品时买家希望淘宝网进行推荐，那么淘宝搜索引擎会推荐哪些宝贝呢？在没有意向的情况下，淘宝会分析"属性权重"。比如，羽绒服有一个版型属性，版型属性下分韩版、欧美、日系，淘宝搜索引擎如果发现最近韩版的搜索需求量最大，转化率也最高，则判断买家最喜欢的是韩版的羽绒服，那么，"韩版"在版型这个属性里面，就是优先推荐的。有几十种属性，每个属性都要分析，都要符合淘宝类目推荐的热卖属性，这样，只要宝贝人气分稍微上升，宝贝的类目排名就能更加靠前。

通过进入自己行业的类目，查看类目排名的前几名，看看他们填的属性都有哪些，如图 2-6 所示为蚊帐类目排名。

从图 2-6 中可以看出，排名第四的销量跟前三名的相比，相差了好几百倍，前三名是销量已过和快过万笔的，而第四名的才销售 19 笔，就能到类目第四的位置，而且下面的宝贝还有一些比第四名的销量高，这些宝贝为什么会排在后面呢？很大程度上就是因为属性。

图 2-6　蚊帐类目排名

从图 2-7、图 2-8 和图 2-9 可以看出，符合热门属性的类目推荐排名优先，而排名靠后的宝贝虽然销量大，但排名竞争力还不如销量差的第四个宝贝。

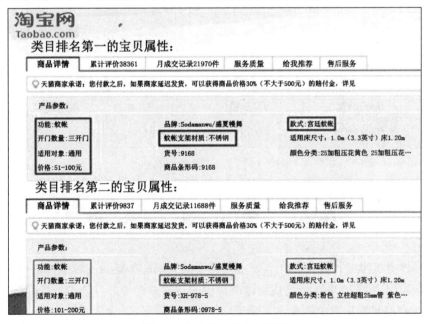

图 2-7　排名前二的宝贝属性

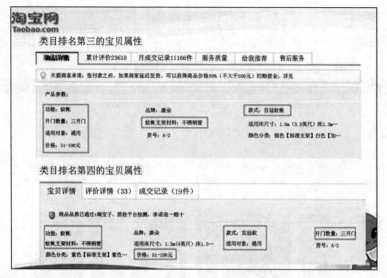

图 2-8　排名三、四的宝贝属性

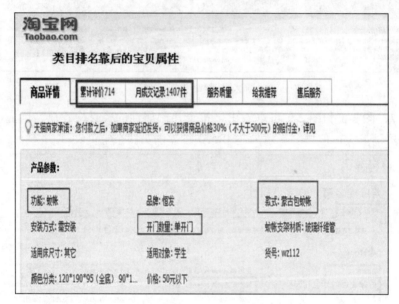

图 2-9　排名靠后的宝贝属性

任务二　宝贝标题与搜索关键词

　　宝贝标题直接影响搜索排名，写好宝贝标题的首要任务就是找到准确的有价值的关键词。宝贝标题限定为 30 个字，要找到最有价值的搜索关键词，可分如下步骤进行。

1. 通过产品属性词直接搜索

通过产品属性词直接搜索更利于检索到你的宝贝，一些产品属性词可以直接用到标题里去，如图 2-10 所示。

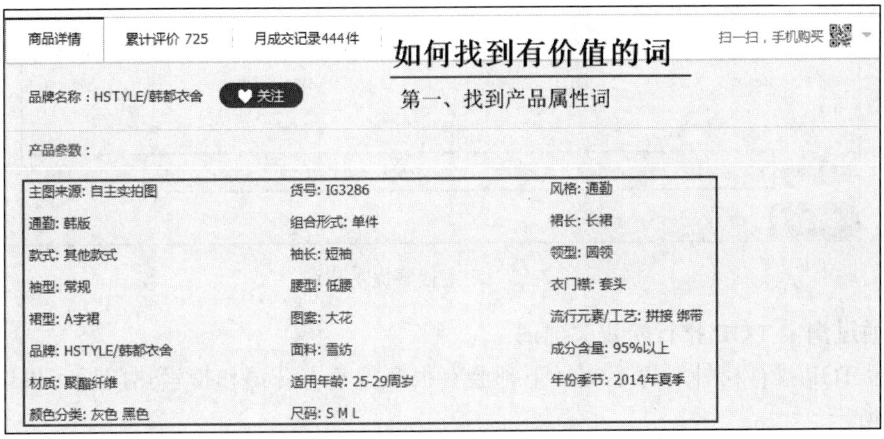

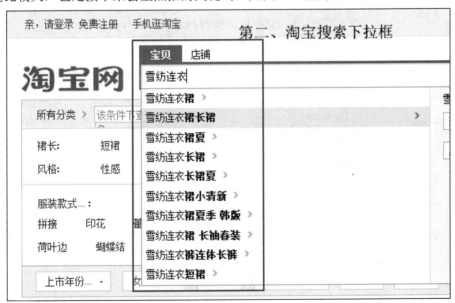

图 2-10　产品属性词搜索

2. 通过淘宝搜索下拉框找词

通过淘宝搜索下拉框可以找到很多长尾词，这里的词经常会随着市场需求变化，而且搜索量比较大，也是接下来会重点推的关键词，如图 2-11 所示。

图 2-11　淘宝搜索下拉框找词

3. 通过淘宝搜索提示找关键词

在"你是不是想找"中也会出现一些可供你使用的关键词，如图 2-12 所示。

图 2-12　淘宝搜索提示找词

4. 通过淘宝 TOP 排行榜找关键词

淘宝 TOP 排行榜针对每个类目下都会有很多搜索上升词和搜索热门词可供选择，如图 2-13 所示。

图 2-13　淘宝 TOP 排行榜找词

任务三　淘宝指数

淘宝指数是淘宝官方的免费数据分享平台，于 2011 年年底上线。通过它，用户可以查询淘宝购物数据，了解淘宝购物趋势。淘宝指数的数据分析不仅仅针对淘宝卖家，还包括淘宝买家及广大的第三方用户，同时承诺将永久免费服务。

要想做好店铺运营，必须得做好数据工作！不但要会看数据，最重要的是会分析数据，找出规律，从而找到解决问题的方法。淘宝指数让小卖家在没有数据魔方和生 e 经智能店铺分析的条件下也可以了解淘宝搜索热点，查询成交走势，定位消费人群以及研究细分市场。这些数据对于指导店铺运营有重要的参考作用。

1. 登录淘宝指数

打开 http://shu.taobao.com/，使用淘宝账号和密码即可登录到淘宝指数，如图 2-14 所示。

图 2-14　淘宝指数

2. 淘宝指数功能模块

淘宝指数包括四大功能模块：长周期走势、人群特性、成交排行和市场细分，如图 2-15 所示。

图 2-15　淘宝指数功能模块

3. 淘宝指数的排行榜

点击图 2-15 中的成交排行，就能看到淘宝的热销类目，选择一个热销类目，即可看到搜索排行和成交排行，如图 2-16 所示。搜索排行统计了淘宝 TOP20 类目的热搜词以及该类目下最近一周的热门搜索词，卖家可以清楚地看到目前哪些类目是热销类目以及哪些产品是有市场潜力的。只要找到自己所在的类目，就可以找出最近的热词，然后根据自己店铺的情况，适当地把一些趋势热词放进宝贝的标题描述里即可。

图 2-16　淘宝指数热销类目的搜索排行

搜索排行在一定程度上代表着市场需求趋势，成交排行则表示某个类目下某段时间内某种产品受消费者青睐的程度。在实际店铺运营中，"搜索排行"是看趋势，同时还需要看"成交排行"，如图 2-17 所示。

图 2-17　淘宝指数热销类目的成交排行

从图 2-17 中可以看到某个类目的发展趋势，卖家在选择准备进入的类目或是在做月度计划时，就可以利用淘宝指数找出相应类目的发展趋势，然后根据其旺淡季来合理安排自己的运营计划。

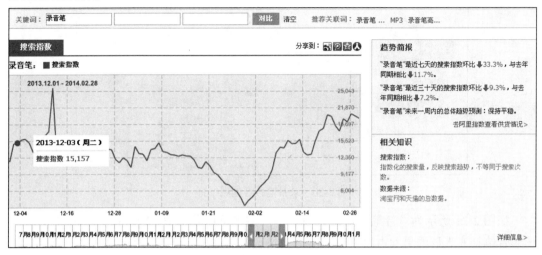

图 2-18　录音笔搜索指数

在图 2-18 中，把下面的小三角拖到 2013 年 12 月，就会出现从 2013 年 12 月到 2014 年 2 月的整体发展趋势。从折线图可以看出，经营"录音笔"这个类目时，根据搜索指数不断走高的情况，接下来做运营计划时，应该在推广方面加大力度。

那么，具体怎么查看发展趋势呢？可以看图 2-18 右侧，如图 2-19 所示。

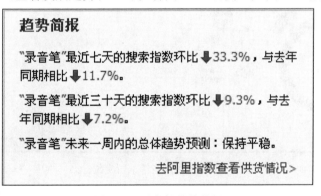

图 2-19　录音笔趋势简报

4. 淘宝指数人群特性

淘宝指数人群特性可以查看地域细分和人群定位分析报表，如图 2-20 所示为对录音笔的人群地域细分进行的统计。

从图 2-20 中的地域细分可以看出，2012 年 6 月到 2013 年 10 月该录音笔消费地域的细分主要分布在沿海发达地带，内陆发展中城市的成交很少，所以考虑到物流等要素，该产品适合在沿海地带开设网店。

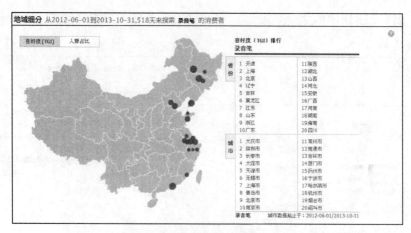

图 2-20　录音笔顾客地域细分

　　如图 2-21 所示为录音笔人群定位统计，从图中可以看出 2012 年 6 月到 2013 年 10 月该录音笔搜索人群的男女占比以及年龄分布情况，男女顾客群体比率相差不大，所以在产品样式、颜色等设计的时候应该要考虑男女的比率情况。

　　当然，淘宝指数还有市场细分，可以看到买家的星座、消费层次、买家等级等更细致的数据。

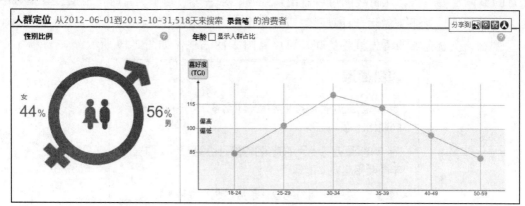

图 2-21　录音笔人群定位

项目三

量子恒道

　　点击连接世界，数据生产价值。在信息化时代，没有数据，就没有信息；没有对数据的分析和挖掘，就没有获得数据真正的价值；没有对数据的预测，就没有对商业的洞察力和判断力。如何透过现象看本质？量子统计，忠于数据，穿透数据。无论你的数据海量还是稀疏，量子统计都能提供更准确、稳定、细致的数据。数据从产生那天起背后就蕴藏了深刻的规律。量子恒道相信通过不断地科学分析和挖掘，能够帮助淘宝卖家无限地接近规律，理解规律，最大限度地发挥数据的价值，通俗易懂地展现数据规律，为卖家预测未来和洞察商机提供参考。

　　量子统计一共有两套产品，即量子店铺统计和量子网站统计。量子店铺统计又分为量子统计（淘宝官方版）和量子恒道统计。其中，量子统计由量子统计 v3.0（测试版）升级而来。2011 年 4 月 27 日，量子店铺统计的两个版本合并更名为量子恒道统计（淘宝官方出品）。

任务一 量子恒道登录简介

量子恒道统计是为淘宝掌柜量身打造的专业店铺数据统计系统，专门为店铺进行数据统计分析，数据更新及时、精准。量子恒道统计通过流量分析、销售分析、推广效果和客户分析等帮助卖家全方位了解客户的喜好和行为，评估店铺的推广效果、掌握自己店铺的经营状况，从而找出店铺中存在的问题，为店铺的整体决策提供充分的数据支持。

量子恒道统计这一专业数据统计分析系统已得到广大卖家的认可，但同时也令很多淘宝新手卖家感到着急，不知道量子恒道统计如何使用。接下来将简单介绍量子恒道的具体设置步骤。

第一步，输入网址 http://lz.taobao.com，打开量子恒道首页，如图 3-1 所示。

图 3-1 量子恒道首页

第二步，选择量子恒道首页中右边的登录窗口，输入网店的淘宝账号和密码登录，如图 3-2 所示。

第三步，成功登录后进入到量子超市，可以订购相应的服务，如标准包等，同时可以进入设置中心进行相应的设置，如将量子统计设置为桌面快捷方式等，如图 3-3 所示。

图 3-2 登录界面 　　　　图 3-3 超市和设置中心

第四步，进入超市订购相应服务，有些服务目前是免费的，有些服务则需要收费，也有一些服务需要积分兑换。如图 3-4 所示，装修分析需要收费，标准包目前推出免费，访客直播室目前推出积分兑换服务，对于新手卖家来说，建议先订购标准包，其他功能可以根据自己的实际情况决定是否订购。

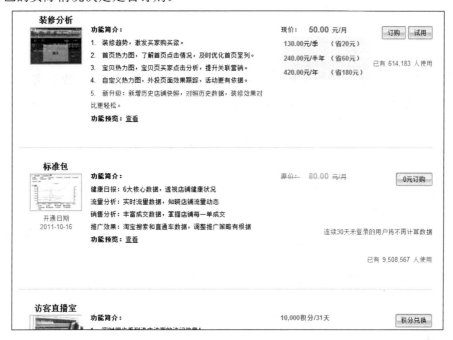

图 3-4　订购相应服务

第五步，订购好标准包后，就可以成功使用量子统计了，界面如图 3-5 所示。

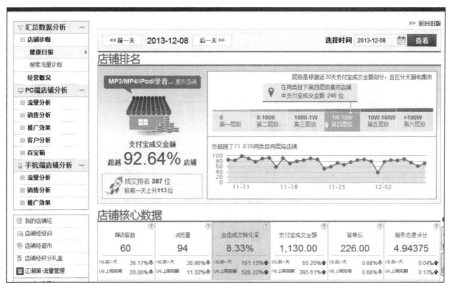

图 3-5　量子恒道淘宝官方版界面

任务二　量子恒道流量分析

量子恒道流量分析的功能主要包括流量概况、实时客户访问、按小时流量分析、按天流量分析、宝贝被访排行、宝贝被访详情、分类页被访排行和店内搜索关键词八个方面。

一、流量概况

店铺概况中主要展示店铺的基本信息，包括五个方面，即流量概况、最近7天被访宝贝 TOP10、最近7天访客来源 TOP10、最近7天访客地区 TOP10 以及店铺基本信息，通过查看该页面，卖家可大致了解店铺的经营状况。其中，流量概况页面展示了店铺的浏览量和访客数，系统会每分钟对数据进行更新。流量分析中展现了店铺的一些基本流量数据，卖家可以大致了解店铺的流量状况。

流量概况页面展示店铺的流量概况，包括两部分数据：淘宝店铺数据和手机淘宝店铺数据。两部分数据相对独立地包括通过电脑访问店铺的浏览量及访客数和通过手机端访问店铺的浏览量及访客数，系统每分钟对数据进行更新。卖家可以选择"按天"和"按小时"这两种方式查看数据。同时，通过图表下方的时间轴可以调整查看的时间，拖动时间轴上选中区域可以查看不同时间段,拖动选中区域边界可以调整时间段的大小,如图3-6和图3-7所示。

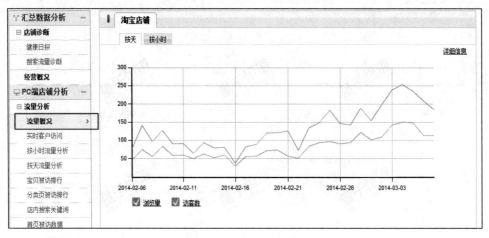

图 3-6　流量概况图

	浏览量	访客数	平均访问深度	平均停留时间	回访客占比
今日	184	114	1.51	751.00秒	13.16%
昨日	210	114	1.71	923.00秒	6.14%
上周同期	189	122	1.41	593.00秒	4.10%
前7天日均	211	127	1.56	682.32秒	4.17%

图 3-7　流量概况其他数据指标

二、实时客户访问

实时客户访问主要显示店铺当前的被访问情况。系统每分钟会自动更新访客的访问数据，包括访问时间、入店来源、被访页面、访客位置、是否回头客，卖家可以及时了解店内访客访问情况。

卖家还可以使用"顾客跟踪"功能，详细了解客户的访问轨迹、访客地区、进店时间、停留时间、入店来源，探索客户的关注范围和行为规律，如图 3-8 所示。

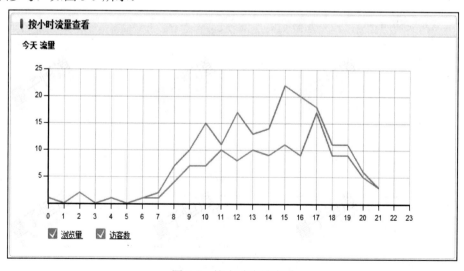

序号	访问时间	入店来源	被访页面	访客位置	顾客跟踪|回访客
1	21:05:47	购物车	录音笔摄像专业降噪高清远距离 带摄像录音...	山东济南市	顾客5|
2	21:04:17	淘宝搜索	现代录音笔高清远距声控降噪微型超远距离	天津	顾客113
3	20:52:18	购物车	录音笔摄像专业降噪高清远距离 带摄像录音...	山东济南市	顾客5|
4	20:49:12	店内浏览	现代录音笔高清远距声控降噪外放专业无损录	贵州贵阳市	顾客112
5	20:45:57	淘宝搜索	现代录音笔高清远距声控降噪微型超远距离	贵州贵阳市	顾客112
6	20:36:20	购物车	录音笔摄像专业降噪高清远距离 带摄像录音...	浙江杭州市	顾客111
7	20:18:14	我的淘宝	现代录音笔高清远距声控降噪微型超远距离	湖北武汉市	顾客110
8	20:10:40	淘宝站外其他	首页	广东广州市	顾客109
9	19:55:24	淘宝搜索	现代录音笔微型 高清远距声控降噪 超远距...	福建龙岩市	顾客108

图 3-8　实时客户访问页面

三、按小时流量分析

通过按小时流量分析功能，卖家可查询店铺内某一天的流量情况以及 24 小时分时段的数据报表。各时段客户浏览量和访客数一目了然，可为卖家安排店内人手和宝贝上线时间提供参考，如图 3-9 所示。

图 3-9　按小时流量查看

"流量对比"功能可以让卖家同时对比任意两天的浏览量和访客数信息，如图 3-10 所示。

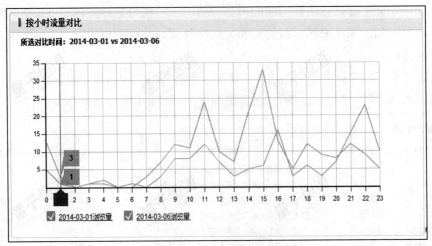

图 3-10　按小时流量对比

四、按天流量分析

自定义查看不同日期的统计数据，也可以快速查看当月、最近 3 个月、最近 6 个月和最近 12 个月的统计数据，帮助卖家最简单、直接地了解店铺一定时期内的顾客浏览量和访客数。当鼠标放置在图表区域以外时，还可以显示卖家选择时段内浏览量和访客数的最高值与最低值。

另外，"流量对比"功能，可以对两个不同月份各天的店铺浏览量和访客数进行对比，如图 3-11 所示。

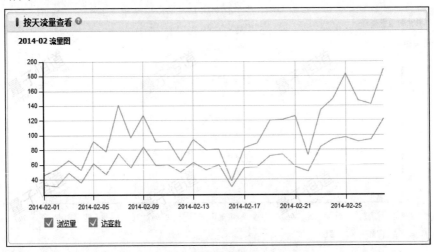

图 3-11　按天流量查看

五、宝贝被访排行

淘宝卖家可以自定义查看不同时间段的统计数据，也可以快速查看最近30天、本周、本月等不同时段的统计数据，如图3-12所示。

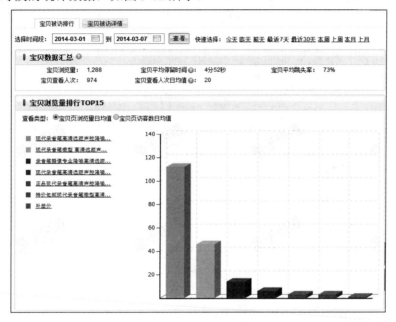

图3-12　宝贝被访排行

宝贝较多时，卖家还可以通过按分类或按宝贝进行相应的宝贝查询，快速了解宝贝的情况，如图3-13所示。

序号	宝贝名称	分类	宝贝页浏览量	宝贝页浏览量日均值	宝贝页访客数日均值	宝贝平均停留时间	跳失率
1	现代录音笔高清远距声控降噪微型超远距离 专业超长 ◎查看详情	分析中▾	784	112	82	7分39秒	70%
2	现代录音笔微型高清远距声控降噪 超远距离最小随… ◎查看详情	分析中▾	320	46	37	5分3秒	81%
3	录音笔摄像专业降噪高清远距离带摄像录音笔支持… ◎查看详情	分析中▾	95	14	9	7分37秒	79%
4	现代录音笔高清远距声控降噪专业无损录音可收音… ◎查看详情	分析中▾	45	6	6	3分43秒	75%

图3-13　宝贝分类和查询

六、宝贝被访详情

宝贝被访详情提供排名 TOP10 的宝贝被访详情信息，包括关注度、浏览量、访客数、平均访问时间、入店和出店次数等，并清晰地显示出查询日期内宝贝每天的浏览量和访客数。在页面上方卖家可以选择不同的时段查看数据，宝贝图片右侧的下拉菜单可用来选择查看 TOP10 中其他宝贝的详情，在页面的下方是宝贝被访趋势图以及宝贝访问来源和访问地区，帮助卖家多角度了解宝贝信息，如图 3-14 所示。

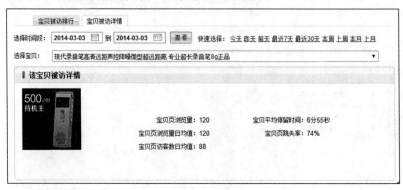

图 3-14　宝贝被访详情

七、分类页被访排行

分类页被访排行提供所有分类页当天、最近 7 天及最近 30 天的详细被访信息，包括浏览量、访客数、入店人次、出店人次等。排行默认按浏览量降序排列，卖家也可选择按访客数、入店人次、出店人次等其他指标进行排序。

另外，用户也可以直接输入某个分类名称，点击"查询"，即可查看所查询的分类页信息。同时，为了方便卖家在本地进行数据分析以及对统计报表进行操作，可以点击"下载"或"打印"按钮进行相应操作，如图 3-15 所示。

图 3-15　分类页被访排行

八、店内搜索关键词

店内搜索关键词提供访客在店内查找宝贝时所使用的全部关键词的统计信息，如搜索次数、跳失率等。卖家可以自由选择时间段，系统会自动根据卖家选择的时间段显示店内搜索排名前十位的关键词以及每个关键词所占的搜索比例。

另外，可以用"趋势查看"功能查看随着时间的变化，每个关键词的到达页浏览量、搜索次数及跳失率的变化趋势，为卖家及时优化宝贝的名称以便能够被高效地搜索到提供参考。

任务三　量子恒道量子店铺统计销售分析

"量子恒道统计"中的"销售分析"功能，将会是你经营过程中的得力助手。它将销售指标和店铺业务关联起来，从卖家的角度提供量、率、度的经营数据，帮助卖家诊断店铺经营并可以此作出相应决策。目前，销售分析提供"销售总览"和"销售详解"数据，但要注意的是当天数据要次日才能查看。

一、销售总览

"销售总览"以月／日为维度来分析店铺的整体经营情况，它提供整个店铺的销售情况，包括销售额、访客数、全店成交转化率、客单价等，并清晰地显示出店铺的经营趋势，可以帮助卖家对比分析自家店铺与主营类目以及淘宝一级类目下店铺经营数据，以评估自己店铺的经营状况，同时更提供全方位的经营分析指标。

1. 数据指标分析

数据指标分析从三个最为重要的维度来为用户提供一个便于理解的经营思路，即访客数、全店成交转化率、客单价，如图 3-16 所示。

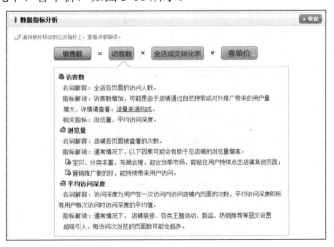

图 3-16　数据指标

2. 店铺经营概况

在"店铺经营概况"中，卖家可以看到按月或按日的汇总经营状况，首先在总体情况上有所把握，如图 3-17 所示。

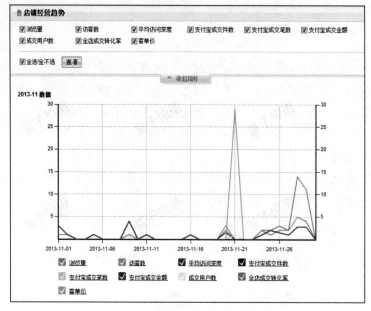

图 3-17　店铺经营概况

3. 店铺经营趋势 / 店铺经营对比

在"店铺经营趋势"中，卖家可以看到按月或按日的经营趋势分析。系统默认展示"访客数"、"支付宝成交量"、"成交用户数"三项指标趋势图。卖家可以通过自定义选择需对比的经营数据类型，并通过对比趋势图进行店铺运营分析，如图 3-18 所示。

图 3-18　店铺经营趋势

在"店铺经营对比"中，卖家可以查看主营类目经营对比趋势，并加入了淘宝一级类目的峰值、均值数据、所选类目的店铺数及店铺在所选指标的排名情况。卖家可以自定义选择查看淘宝所有一级类目与自家店铺的数据对比，也可以单选查看主营类目下的对比指标。现在更添加"信用等级"的筛选，但是此项数据只提供 2013 年 12 月以后的数据。

4. 店铺经营明细

在"店铺经营明细"中，卖家可以看到当前所选时间段或日期的经营详细报表，并对其中涉及的数据指标选择排序和隐藏功能，以便于进行数据查看及分析。卖家还可以选择"下载"或"打印"明细表，如图 3-19 所示。

日期 ⇩	浏览量 ❓⬇✖	访客数 ❓⬇✖	回访客数 ❓⬇✖	回访客占比 ❓⬇✖	平均访问深度 ❓⬇✖	拍下件数 ❓⬇✖	拍下笔数 ❓⬇✖	拍下订单数 ❓⬇✖	拍下 ❓
2013-11-30	0	0	0	-	-	0	0	0	0
2013-11-29	11	4	0	0.00%	2.75	0	0	0	0
2013-11-28	14	5	0	0.00%	2.80	0	0	0	0
2013-11-27	2	2	1	50.00%	1.00	0	0	0	0
2013-11-26	3	2	0	0.00%	1.50	0	0	0	0
2013-11-25	2	1	1	100.00%	2.00	0	0	0	0
2013-11-24	2	2	1	50.00%	1.00	0	0	0	0
2013-11-23	0	0	0	-	-	0	0	0	0
2013-11-22	0	0	0	-	-	0	0	0	0
2013-11-21	0	0	0	-	-	1	1	1	29
2013-11-20	3	2	0	0.00%	1.50	0	0	0	0
2013-11-19	0	0	0	-	-	0	0	0	0

🗒 2013-11 店铺经营明细 （明细报表提供3个月数据，请您及时下载！）　⊕ 更多指标　🖫 下载　🖨 打印

图 3-19　店铺经营明细

二、销售详情

"销售详情"通过宝贝销售排行、买家购买及促销手段三个方面对店铺进行分析，并提供排名 TOP10 宝贝的浏览量、宝贝访客数、支付宝成交件数、拍下总金额等数据详情，为店铺全面诊断分析。

1. 宝贝销售排行 / 零成交宝贝

在"宝贝销售排行"中，卖家可以看到当前所选时间段的宝贝数据汇总及排行，使卖家首先对宝贝信息有个整体的了解，如图 3-20 所示。

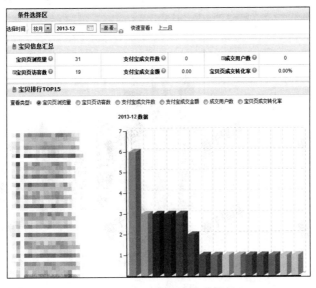

图 3-20　宝贝数据汇总及排行

在宝贝销售明细中输入宝贝名称，也可以直接对宝贝进行查询。点击查看详情，便可以查看具体每件宝贝的销售趋势，同时可以自定义选择各数据指标的多向组合查看，如图 3-21 所示。

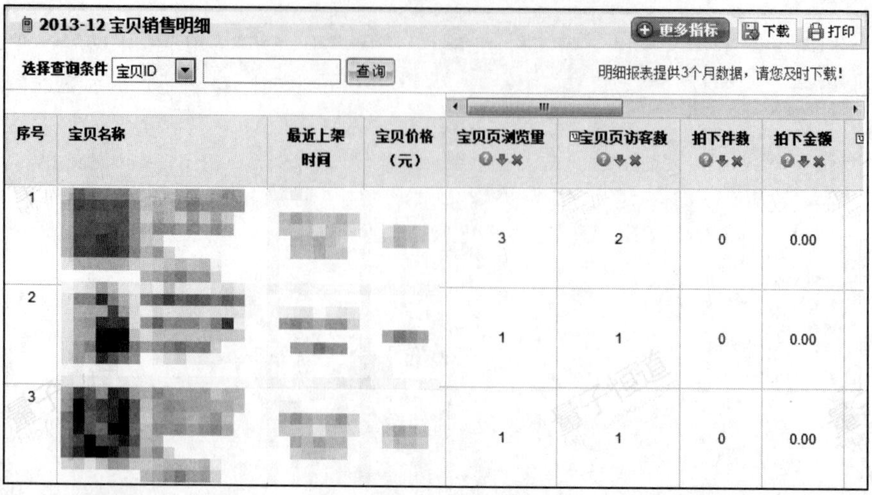

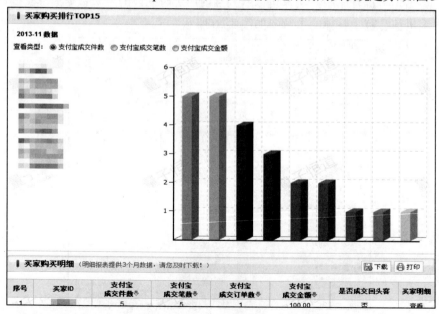

图 3-21　宝贝销售明细

在图 3-21 的宝贝销售明细中，还可以下载最近 3 个月的销售数据。

2. 买家购买详情

在"买家购买详情"中，卖家可以看到当前所选某天、某周或某月的买家购买详情报表，也可以根据需要查看各数据指标的排行情况。买家购买明细中提供 Top25 的买家 ID，便于卖家分析自家的忠实用户。其中，前 Top15 的买家可以查看其近期的购买状况趋势，如图 3-22 所示。

图 3-22　买家购买分析

3. 促销手段分析

在"促销手段分析"中，卖家可以看到所选时间段促销手段的效果概况，以及按促销手段分类的数据汇总，也可以根据需要查看各数据指标的促销宝贝的排行情况。

量子统计提供促销宝贝的成交明细列表，输入分类名或宝贝名还可以对相应促销宝贝进行数据查询。将参与促销的宝贝的促销手段、上架时间及宝贝价格作为固定指标，并将促销与非促销的支付宝成交金额、成交件数、成交用户数、成交转化率分开统计，不仅可以整体清晰地查看到不同宝贝的促销手段，也可以帮助卖家通过促销与非促销的对比评估宝贝促销的后续效果。同时，量子为卖家提供单个宝贝的促销成交趋势，以便卖家纵向对比宝贝促销前后的浏览、成交效果。

"销售分析"这一报表结合了销售指标和店铺业务，综合了销售和浏览等各方面的数据，给卖家提供更加直观的数据分析，更加有利于卖家对店铺作出正确经营决策。

任务四　量子店铺统计直通车

"淘宝量子恒道店铺经官方版"的"推广效果"模块中，提供了"直通车数据"的功能，它以"推广计划"—"宝贝"—"关键词 / 类目"的层次为卖家提供直通车推广的详细数据报表，为卖家调整和优化推广方案提供参考。

直通车数据功能模块包括"实时访问数据"、"基础数据"两个基本功能，能够分析直通车投放的效果并进行数据对比。实时访问数据能让卖家看到店铺访客的时间、访客的位置、是从哪一个推广宝贝页进入的以及是否是回头客等详细信息。基础数据反映的是通过直通车投放出去的关键词的推广效果，并提供这些关键词的统计信息，如展现量、点击量、点击率、花费、平均花费、平均展现排名、当前出价等数据。通过这些数据报表，可以看出直通车推广的效果，并相应地调整推广的策略。

一、实时访问数据

在"直通车—实时访问数据"中，卖家可以查看店铺当前的被访情况，包括来访时间、关键词、竞价入口、访客位置等信息，以时刻了解店内客户访问情况，如图 3-23 所示。

点击顾客，还可以使用"顾客跟踪"功能详细了解客户的访问轨迹，如图 3-24 所示。

图 3-23　直通车实时访问数据

图 3-24　顾客跟踪

通过对顾客访问行踪的追踪，可以了解顾客心理，使得客服在跟顾客沟通的过程中能很好地引导顾客解决顾客所想，从而提高转化率。实时访问数据要做记录分析，如记录顾客经常看哪些页面？在哪些页面停留时间最长？停留时间那么长，为什么不买？是不是在看评价？或者支付宝钱不够？还是因为宝贝页面有些东西没有说清楚，顾客是否正在犹豫不决？等等。网店的运营人员要观察并记录这些数据，从繁杂的数据中分析出普遍适用的规律，帮助店铺优化促销策略和页面布局。

二、直通车基础数据

"直通车基础数据"主要包含账户报表、宝贝报表、关键词报表、地域报表以及时段报表。

1. 账户报表

账户报表包含账户平台数据简报、账户平台花费分布和账户平台详细报表。

（1）账户平台数据简报。在"账户平台数据简报"中，可以看到直通车推广的全店汇总数据，包括花费、展现量、点击量和平均点击花费。卖家也可以自定义不同时段查看数据，还可以快速查看过去7天、最近30天等不同时段的数据。

（2）账户平台花费分布。在"账户平台花费分布"中，可以查看所选时段的总花费分别在"站内）—关键词搜索、站内—定向推广、站内—类目搜索、站外—淘宝联盟"的分布。

（3）账户平台详细报表。在"账户平台详细报表"中，卖家可以查看所选时段的全部推广计划及单个推广计划在不同投放平台的推广数据，包括展现量、点击量、花费等，还可以选择"下载"详细报表。

2. 宝贝报表

因为不同的推广计划可以投放同个宝贝，所以在宝贝报表下的筛选条件，可以对推广计划和推广类型进行筛选，以分析不同推广计划的推广效果。同时也可以针对性查看店铺推广的效果。默认筛选条件是"全部推广计划"+"宝贝推广"，时间段是"过去7天"，如图3-25所示。

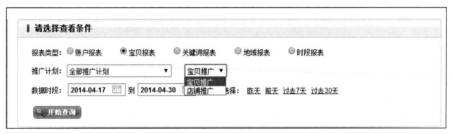

图3-25 宝贝报表查看条件

宝贝报表主要包含宝贝数据简报和宝贝详细报表。

（1）宝贝数据简报。宝贝的数据简报能直接将TOP展现量、点击量以及花费的宝贝统计出来，能一目了然地了解到最受买家喜好的商品，如图3-26所示。

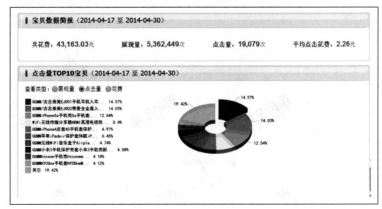

图3-26 宝贝数据简报

（2）宝贝详细报表。在"宝贝详细报表"中，可以看到按不同数据指标排行的TOP50宝贝详细数据，包括点击量TOP50宝贝、展现量TOP50宝贝、点击量为0宝贝等，还可以输入宝贝名进行相应宝贝的数据查询。卖家可以根据图3-27中右侧的下拉菜单进行基础筛选，每个宝贝会将其所添加的推广计划、展现量、花费等数据展示出来，如图3-27所示。

序号	宝贝	推广计划	展现量	点击量	点击率	花费	平均点击花费	平均展现排名		
1		电子类	1,035,344	2,779	0.27%	￥2,738.93	￥0.99	9		趋势
	入耳式耳机	电子类	55,861	178	0.32%	￥421.71	￥2.37	17	￥1.97	趋势
	耳机 入耳	电子类	25,323	139	0.55%	￥192.48	￥1.38	19	-	趋势
	耳麦耳机	电子类	16,566	59	0.36%	￥50.65	￥0.86	33	￥2.24	趋势
	魔音耳机	电子类	18,495	49	0.26%	￥96.45	￥1.97	17		趋势
	森海塞尔耳机	电子类	13,640	42	0.31%	￥102.94	￥2.45	16		趋势
	>>更多关键词									
2		电子类	581,937	2,677	0.46%	￥1,132.59	￥0.42	8		趋势
3		5S翻盖皮套/世界杯专题	520,885	2,030	0.39%	￥8,796.94	￥4.33	26		趋势

点击量top50宝贝详细报表（2014-04-17 至 2014-04-30）　下载

全部宝贝搜索：请输入宝贝名称　搜索

点击量top50宝贝
花费top50宝贝
点击量top50宝贝
展现量top50宝贝
点击率top50宝贝
全部宝贝
点击量为0宝贝

图3-27　宝贝详细报表

3. 关键词报表

关键词报表可以定期查看关键词的效果，以制定关键词的优化方案。基础数据中的关键词报表内容，详细地罗列了每个关键词的推广展现及点击情况，有助于分析关键词的基础投放效果。同时建议结合转化数据中的关键词转化报表，更全面地了解关键词投放的效果。

宝贝的关键词并不是设置一次后就可以高枕无忧的。即使当时设置的效果不错，但因为流行在不断变化，淘宝的流量也在变化，关键词也需要不断优化，优化的流程如图3-28所示。

图3-28　关键词优化流程

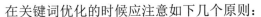

在关键词优化的时候应注意如下几个原则：

（1）关键词无展现量或者展现量过低的冷僻词需要替换掉，非冷僻词微调价格。

（2）排在前面、但无展现量无点击的词，需要替换掉。

（3）部分关键词出价较高，流量一般，整体花费多，调整出价，靠近该宝贝一个访客的价值。

（4）关键词好流量低，如果是因为排名太靠后了，建议把价格适当提高。

4. 地域报表

卖家可以根据选定的地区和时间段，查看直通车的推广数据。图表区以地图形式展现不同地区的花费、点击量、展现量等数据。"详细报表"更为卖家提供了不同地区的详细推广数据。

5. 时段报表

时段报表分为分日报表、时段对比。

（1）分日报表。在"分日报表"中，卖家可以根据选定的日期按小时查看直通车的推广数据。

（2）时段对比。在"时段对比"中，当卖家选择"和其他时间对比"的复选框后，可以对比不同数据指标在不同时段的推广数据。

本任务对直通车数据进行了简单介绍，具体的运用将在任务六量子恒道量子店铺统计的运用中的"用量子统计玩转直通车"中详细介绍。

任务五 量子恒道其他功能

量子恒道其他功能主要包含个性化统计图标、量子礼盒、装修分析、过滤掌柜 ID 和量子排行榜。

一、个性化统计图标

"个性化统计图标"提供两种图标显示方式。

第一种是在统计图标上显示店铺的统计数据。显示数据的统计图标可以在店铺首页以生动的图片形式进行显示，图标上的数据分别是今天、昨天以及店铺使用量子统计以来的浏览量，能够为访问店铺的客人带来一种直观的印象，也可以让卖家不需登录店铺管理后台就能了解店铺的浏览量。

第二种是在统计图标上不显示店铺的统计数据，如图 3-29 所示。

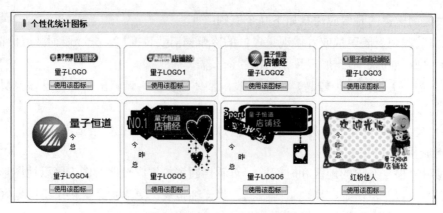

图 3-29 "个性化图标"的显示方式

在图 3-29 中,上半部分为不显示店铺的统计数据,下半部分的图标可以直接显示店铺的统计数据。

二、量子礼盒

量子礼盒的主要功能是邀请好友送积分,积分积累到一定数量可以用来换购礼品。卖家可凭多种方式获取积分,换取多种量子优惠礼品,享受量子特权,抢先体验量子更多新功能。

1. 礼品兑换中心

通过"礼品兑换中心"可换取量子基础服务和特色功能免费使用时间,也可以抢先体验新功能,如图 3-30 所示。

图 3-30 礼品兑换

2. 获取量子积分

卖家可凭如下方式轻松获取量子积分,如图 3-31 所示。

（1）发送链接邀请好友使用量子统计（淘宝官方版）。

（2）每日登录量子统计。

（3）参与量子活动。

图 3-31　获取量子积分

3. 积分记录

"积分记录"可查询增加积分及积分兑换的历史记录，如图 3-32 所示。

积分项目	时间	积分结果
登录获赠积分	2014.03.07	+100
登录获赠积分	2014.03.06	+100
登录获赠积分	2014.03.05	+100
登录获赠积分	2014.03.04	+100
登录获赠积分	2014.03.03	+100
登录获赠积分	2014.03.02	+100
登录获赠积分	2014.03.01	+100
登录获赠积分	2014.02.28	+100
登录获赠积分	2014.02.27	+100
登录获赠积分	2014.02.26	+100
登录获赠积分	2014.02.25	+100
登录获赠积分	2014.02.24	+100
登录获赠积分	2014.02.23	+100
登录获赠积分	2014.02.22	+100
登录获赠积分	2014.02.21	+100
登录获赠积分	2014.02.20	+100
登录获赠积分	2014.02.19	+100
登录获赠积分	2014.02.18	+100
登录获赠积分	2014.02.17	+100
登录获赠积分	2014.02.15	+100
登录获赠积分	2014.02.14	+100
登录获赠积分	2014.02.13	+100
登录获赠积分	2014.02.09	+100
登录获赠积分	2014.01.26	+100

图 3-32　积分记录

4. 积分获取及积分使用过程中的常见问题

积分获取及积分使用过程中的常见问题，具体包括以下四个方面。

（1）什么是量子积分礼盒？

量子恒道积分礼盒是用户通过用户行为产生积分，当积分达到一定数量后可以换取量子恒道的优惠礼品并享受相关服务。具体的用户行为和产生积分的分值，如图 3-33 所示。

什么是量子恒道积分礼盒？

量子恒道回馈广大卖家用户，正式推出"量子恒道积分礼盒"。您可凭多种方式获取积分，换取多种量子恒道优惠礼品，享受特权，抢先体验更多新功能。

用户行为	产生积分		积分上限
邀请用户	邀请新用户激活【量子恒道-店铺经】	每激活1个新用户+200积分	
	推荐其他用户订购店铺经收费产品	根据被邀请人产生订购金额返还积分 1元=50积分	
登录【量子恒道-店铺经】	登录激活	+1000积分	仅1次
	每日登录	+100积分	每日+100积分

图 3-33　量子积分礼盒

（2）量子积分用户有什么特权？

量子积分可以兑换相关的礼品优惠或服务，礼品优惠一般是实物礼品或在订购新服务时享受优惠，如新功能的试用，培训视频下载和量子恒道在线培训课程等。

（3）如何查看我的量子积分？

打开量子恒道积分礼盒，右边的窗口可以看到礼品兑换和总积分，如图 3-34 所示。

图 3-34　量子积分查看

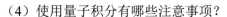

（4）使用量子积分有哪些注意事项？

从量子积分的注意事项中可以了解到，积分是虚拟产物，不能直接消费，同时量子积分限制了兑换的次数和上限，如图 3-35 所示。

> **使用量子恒道积分有什么注意事项？**
>
> - 积分是虚拟产物，不能直接消费订购店铺经收费产品。
> - 邀请用户订购店铺经收费产品返积分方式中，若被邀请者是首次订购某种收费功能，则赠送邀请者相应积分；反之则不返还。
> - 每个礼品有兑换次数上限，在您首次兑换礼品之日起6个月内最多兑换6次。
> - 若邀请好友返积分未生效，请查看【量子恒道-店铺经】官方论坛。

图 3-35　量子积分的注意事项

三、装修分析

量子热图以直观形象的方式展现店铺页面不同位置的点击热度，帮助卖家了解宝贝的人气和点击率，评估店铺的营销推广效果。例如，卖家可以通过观察页面点击量大小来装修首页。根据点击热量图，调整网店宝贝的位置，利用抢眼位置打造店铺人气宝贝，提升网店的自然排名与口碑。

（1）在左侧导航栏，找到"店铺经超市"，在这里能看到量子统计（淘宝官方版）提供的全部服务，其中，第二项就是"装修分析"。装修分析提供两种使用方式，一种是试用，首次试用，试用期为 7 天，另一种是订购，如图 3-36 所示。

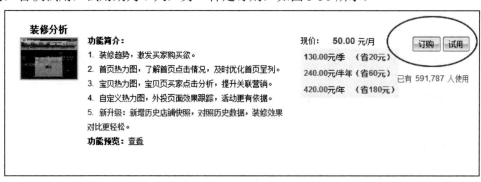

图 3-36　量子超市装修分析

（2）如果不确定是否已拥有该服务，可以先去"我的店铺经"中查看已订购的服务，确认是否有订购"装修分析"的订单。如果有，那么左侧的导航栏里就会出现"装修分析"，如图 3-37 所示。

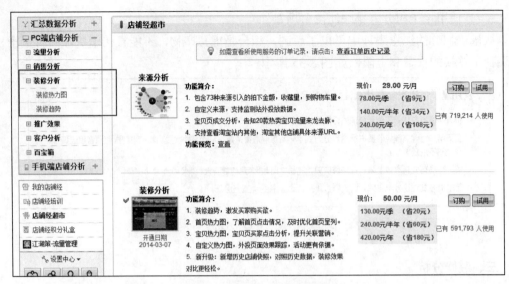

图 3-37　装修分析的位置

四、过滤掌柜 ID

系统会默认开启过滤掌柜 ID 功能，掌柜浏览店铺的数据将不被记录。若关闭该功能，掌柜浏览数据将被统计，且之前被过滤的数据不会恢复。开启过滤掌柜 ID 功能可过滤掉掌柜进出店铺的浏览记录，让统计数据更加精确，如图 3-38 所示。

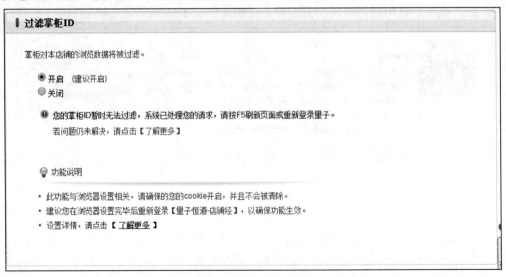

图 3-38　过滤掌柜 ID

五、量子排行榜

量子排行榜是量子店铺统计通过收集分析用户数据并加以整理，以量子排行（宝贝人均关注度 TOP 榜）的形式体现出来的。在这个排行榜中，卖家按淘宝主要类目 / 卖家地区 / 卖家级别等维度来体现宝贝的关注度。通过量子排行榜，卖家可以简单清晰地了解所在行业类目的最新动态，第一时间把握商机、优化商品，以达到最终促进成交的效果。

任务六　量子恒道量子店铺统计的运用

一、用量子统计安排最优上下架时间

关于流量的最直观用法莫过于安排上下架时间。安排最优上下架时间的主要原则是在一定下架时间下对宝贝按照店铺质量分进行重新排序，可见，下架时间因素还是很重要的。那么，究竟如何通过量子来安排上下架时间呢？

打开量子统计，选择"按小时流量分析"。

（1）通过流量查看和流量对比，找出流量高峰期。如图 3-39 和图 3-40 所示，该店每天应该有两个流量高峰，即 14 点 ~16 点，19 点 ~22 点。

流量的高峰还会受其他维度的因素会影响。比如，卖家主推的宝贝适用人群，还有工作日和节假日的不同等。关键在于找出量子统计的流量高峰规律。

如图 3-40 中，12 月 13 日和 12 月 20 日都为周五，流量对比发现流量高峰惊人的相似。

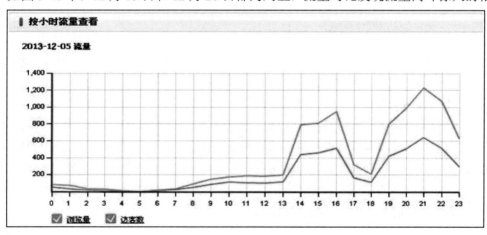

图 3-39　按小时流量查看

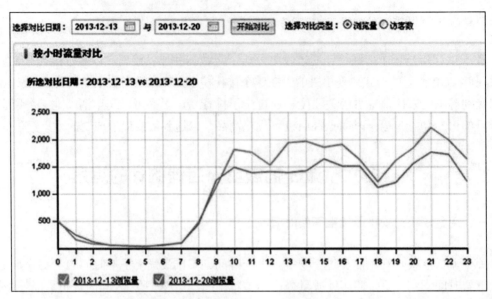

图 3-40　按小时流量对比

（2）每天在店铺的流量高峰期发布新推的宝贝，这样经过七天一个周期后，这些宝贝离下架时间很近就可以使得排名会比较靠前。

（3）注意在流量高峰期时一定要安排客服在线，及时响应询单用户，避免流量白白流失而未达成成交。

二、用量子统计玩转直通车

店铺流量提升离不开推广，在淘宝的工具中，直通车是效果最直接的推广工具。用量子统计做好直通车，可以有效地带来流量。如果再能提高转化，则可以带来较好的效益。做好直通车要做好如下几方面。

1. 优化关键词及类目

为了覆盖宝贝搜索的关键词，卖家通常会为一个宝贝设置 200 个左右的关键词，但是一些关键词却从未给卖家带来点击甚至从未展示。那么卖家应该立刻调整这些关键词了。怎么找到那些展现量和点击量低的关键词呢？下面以某淘宝店为例进行说明。

打开推广效果—直通车基础数据—宝贝报表—点击量 TOP50 宝贝详细报表，选出宝贝展现量为零的关键词，如图 3-41 所示。

点击量top50宝贝详细报表（2013-12-12至2013-12-18）　下载

请输入宝贝名称：　搜索　点击量top50宝贝

序号	宝贝	推广计划	展现量	点击量	点击率	花费	平均点击费用	平均展现排名	查看
7	⊟	季末清仓	0	0	0.00%	¥0.00	¥0.00	0	趋势
	类目匹配	季末清仓	0	0	0.00%	¥0.00	¥0.00	0	趋势
8	⊞	季末清仓	0	0	0.00%	¥0.00	¥0.00	0	趋势

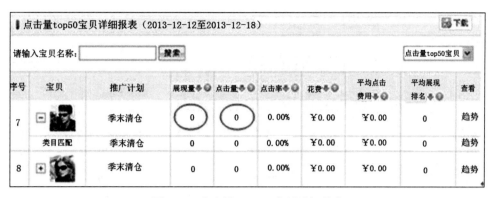

图 3-41　点击量 TOP50 宝贝详细报表

2. 优化推广宝贝

打开关键词报表下的点击量 TOP50 关键词详细报表，如图 3-42 所示。

点击量top50关键词详细报表　（2013-12-12至2013-12-18）　下载

请输入关键词名称：　搜索　点击量top50关键词

序号	关键词	宝贝	推广计划	展现量	点击量	点击率	花费	平均点击花费	平均展现排名	详细
1	抗辐射眼镜		参加活动产品	19	2	10.53%	¥1.00	¥0.50	27	趋势
2	电脑防辐射		参加活动产品	14	1	7.14%	¥0.50	¥0.50	26	趋势
3	近视眼镜框 镜架 女		参加活动产品	96	2	2.08%	¥0.74	¥0.37	31	趋势
4	电脑防辐射眼镜		参加活动产品	102	2	1.96%	¥1.37	¥0.69	41	趋势
5	平光镜 女		参加活动产品	63	1	1.59%	¥0.50	¥0.50	34	趋势

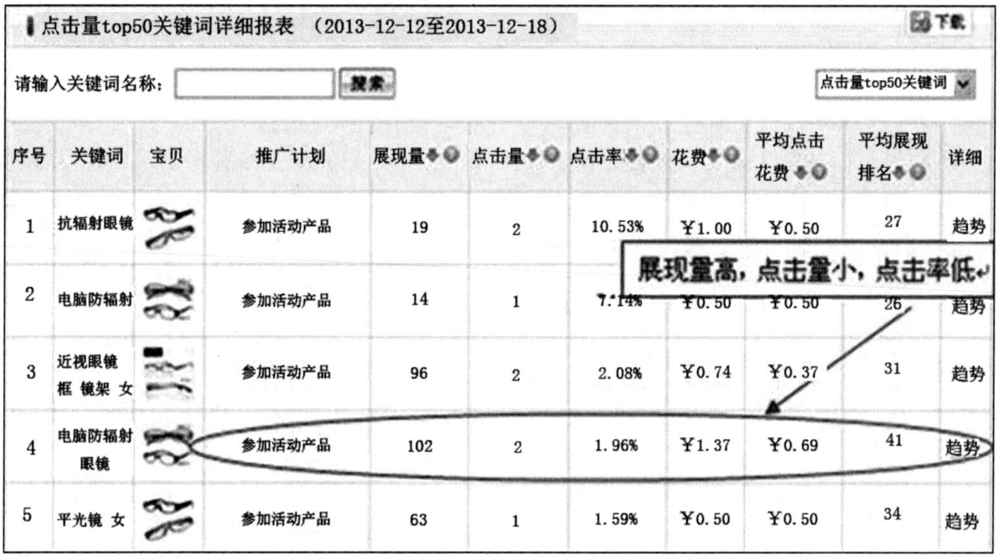

图 3-42　点击量 TOP50 关键词详细报表

从图 3-42 中可以发现，有些关键词对应的展现量很高，但是点击量和点击率却很低，这是为什么呢？问题就出在直通车位置推广的宝贝上了。

首先，如果宝贝图片无法吸引买家，当然就不会有点击了。其次，有些买家是非常理性的，当看到宝贝标题描述的完全不像图片时，他也会选择不点击。再次，卖家推广的宝贝价格合不合理也是决定客户是否进入店铺的关键因素。

3. 分地域投放

不同地域的人可能喜好不同，导致需求也不同。比如，北京 11 月份很冷，处于冬天，但是广州可能仍然比较暖和，处于秋天。那么，这两个地域的宝贝就需要区别去投放。

另外，卖家还可以看到量子统计中的地域报表—中国—所有地区详细数据，如

图 3-43 所示。找出平均点击花费低，但是点击率却比较高的地区，针对这些地区可以稍微加大投放力度。

地区	展现量	点击量	点击率	花费	平均点击花费	
总计	30,987	140	0.45%	￥11.10	￥0.08	
上海	3,127	21	0.67%	￥1.78	￥0.08	趋势
浙江	4,106	17	0.41%	￥1.43	￥0.08	趋势
广东	4,418	16	0.36%	￥1.38	￥0.09	趋势
江苏	2,689	13	0.48%	￥0.96	￥0.07	趋势
山东	1,123	8	0.71%	￥0.59	￥0.07	趋势
北京	2,600	7	0.27%	￥0.48	￥0.07	趋势
辽宁	863	7	0.81%	￥0.58	￥0.08	趋势
湖北	802	5	0.62%	￥0.34	￥0.07	趋势
香港	739	5	0.68%	￥0.40	￥0.08	趋势

中国所有地区详细数据（2013-12-12至2013-12-18）　下载　打印

图 3-43　地域报表

4. 分时段投放

分时段投放是指卖家可以根据最近 7 天、最近 3 天或昨天三种高峰时段的显示来找出不同，并对直通车时段设置进行相应调整，以达到推广的最佳效果。设置了根据流量高峰投放后，卖家可以到直通车数据—时段报表中查看效果，如图 3-44 所示。

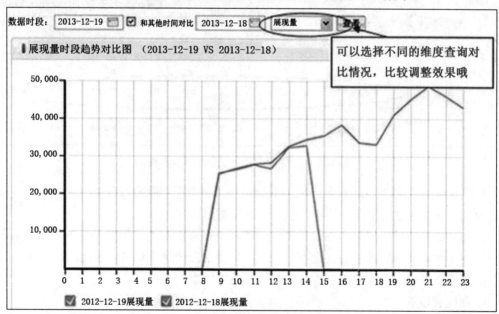

图 3-44　直通车数据—时段报表

三、用量子统计和网店同行比生意

很多卖家在了解自己店铺的基本数据之后，都有一个困惑，即怎么才能判断自己的数据？我的成交转化率在同行中是好是坏？其实量子统计除了提供基本的店铺数据，还提供了店铺对比数据，可以让卖家对自己在同行中的位置一目了然，如图 3-45 所示。

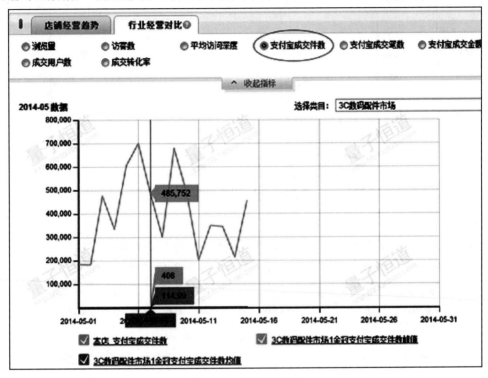

图 3-45　店铺数据对比

这是量子 3.0 版中提供的数据报表，它提供全面的店铺行业经营情况对比数据。各位卖家可以通过登录量子 3.0 在销售总览中查看这张报表。此报表提供了网络店铺各个纬度的均值和峰值。峰值表示的是该类目在该时间段内的总成交，说明的是这个市场的盘子有多大。均值表示的是该类目在该时间段内的平均成交，说明的是该类目商品的一般成交情况，可以帮助卖家判断自己的店铺。

这么多数据的对比，对新手卖家而言可能会有点困惑，每个数据都要关注吗？这些数据背后代表着什么？哪些是最值得关注的比对数据？这些数据代表了什么？

1. 访客数对比

访客数代表着进入店铺的客户数，它是决定店铺成交的基础，访客数如图 3-46 所示。

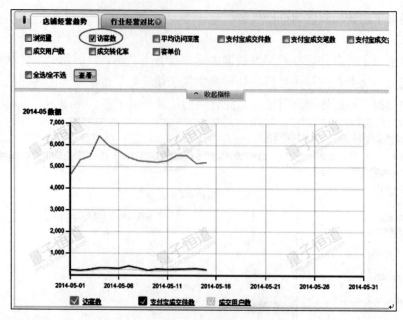

图 3-46　访客数

和其他店铺进行访客数的均值比对，可以了解自己店铺的引流能力状况，如果访客数低，就说明店铺在引流方面比较薄弱，访客对比图如图 3-47 所示。

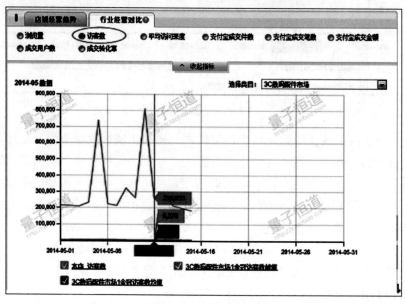

图 3-47　访客数对比

看访客数的峰值波动，可以了解店铺所经营商品的冷热程度。比如在冬天，雪地靴店铺的访客数一定会激增，再看一下本店店铺的访客数增长率，可以知道自己的店铺是否抓住了这波热潮。

2. 平均访问深度

访问深度为用户在一次访问中访问店铺内页面的次数，平均访问深度即所有用户每次访问时访问深度的平均值。通常情况下，店铺装修、各类主题活动、新品、热销推荐等图文设置越吸引人，每次用户浏览的页面数就越多，如图 3-48 所示。

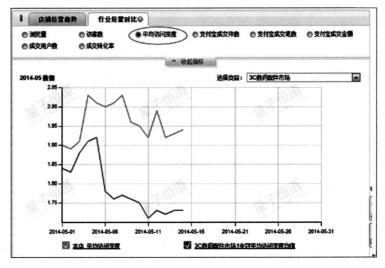

图 3-48 人均访问页面数对比

和行业内的人均访问页面数均值进行比对，可以了解自己店铺处于何种位置。如果低于均值，说明卖家应该在店铺的装修、设计，以及页面的规划等方面多下点功夫。

3. 全店成交转化率

全店成交转化率的计算公式是成交用户数 / 访客数，它最终决定店铺的成交如何，所以这个指标是一个店铺非常值得关注的数据，如图 3-49 所示。

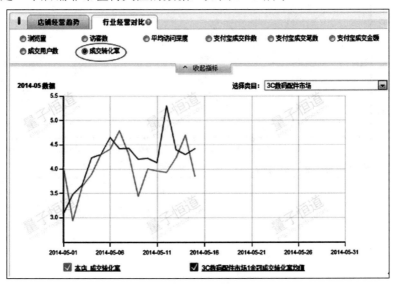

图 3-49 全店成交转化率

和行业全店成交转化率平均值做比较，可以了解自己店铺的转化率。转化率低的店铺，除了继续做好推广和渠道之外，更要做好进店客户的转化。可以通过数据进一步观察分析，找到自己店铺的转化率比较低的原因，进而想办法改进店铺。通常转化率低有可能的原因是推广引入用户的匹配度不够、页面的关联度和深度不够、商品的吸引力不够以及价格因素等。

4. 客单价

客单价是指平均每个用户的成交金额，即每一位成交客户的单笔成交金额，它最终决定店铺的利润。客单价越高，店铺的利润率越高，如图 3-50 所示。

和行业客单价均值做比较，可以了解自己店铺在商品定价及促销手段方面做得如何。客单价低的店铺，即使引入的访客数和成交转化率都高，也会在利润这一块和其他店铺有差距。这时候就需要考虑是什么阻碍了客户一次性买更多，是邮费的问题还是商品的价格问题？也可以使用一些促销方法帮助客户买的更多，如包邮、买二送一以及满百送 5 等，都是促进客单价的促销手法。

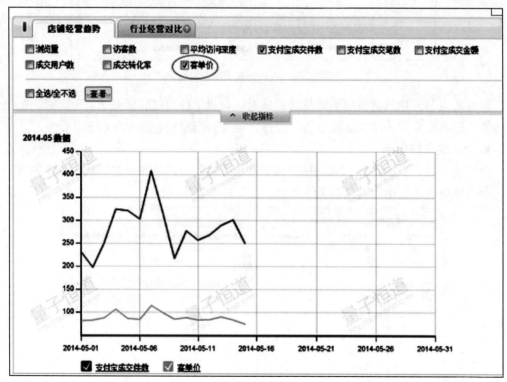

图 3-50　客单价

四、用量子统计增加销售

在量子统计中，大家都看到过这个公式：

$$销售额＝访客数 \times 全店成交转化率 \times 客单价$$

那么，如何就这个公式的三个指标来提高销售额？

1. 访客数

首先，来观察访客数趋势图，如图 3-51 所示。

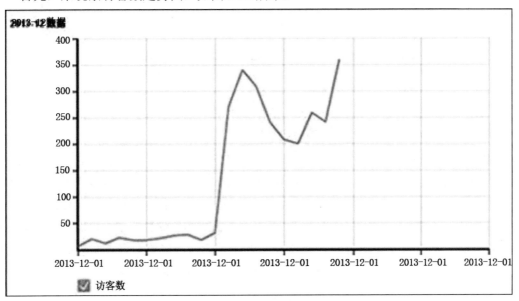

图 3-51 访客数趋势图

这个卖家 12 月份的访客数可能会让很多卖家羡慕，因为访客数激增。那么，如何能做到这一点呢？

通常情况下把访客分为两类：新增访客和回头客。对于新增访客，卖家要做的是吸引更多的访客，可以做一些推广，如直通车、超级卖霸、钻石展位以及淘客，还可以多参加活动，如爱心损赠、淘宝会员促销、抵价券、货到付款、信用卡以及淘宝试用等。需要注意的是，每次做了推广或参加活动后，都要回到量子统计的报表里去查看访客数趋势图，以了解增长情况。

对于回头客，可以建立自己的买家群或运营好自己的帮派，做一些活动，比如在帮派做发评论赢优惠券的活动，既能让买家互相帮助，找到更适合自己的商品，也提高了用户黏性。

2. 全店成交转化率

提高转化率是很多卖家想做的事情，也是个很深奥的课题。在量子统计里，全店成交转化率＝成交用户数/访客数。首先，卖家需要了解自己店铺的转化率是什么情况，如图 3-52 所示。

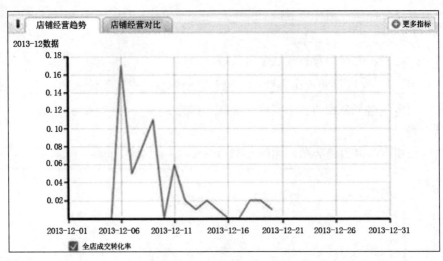

图 3-52   全店成交转化率

图 3-52 中这样的下跌是很多卖家不想看到的，这时应该怎么办呢？看公式中的被除数即成交用户数，这个要是无限大该多好，当然这是不可能的，那我们就应该努力把它变大。

当访客数一定的时候，也就是顾客已经进入店铺，这时该如何提高成交量？有两个因素最重要，宝贝和客服。宝贝的描述，宝贝的图片，都需进行一丝不苟的设计，这些小细节也许就决定了顾客的去留。宝贝页加上其他客户的购物感受也非常有说服力。客服，是客户与成交之间的桥梁。在淘宝购物的顾客 90% 都会向客服咨询信息，所以客服是个很关键的因素。而在引导顾客完成交易的过程中，客服态度是极其重要的。

3. 客单价

客单价表示平均每个顾客成交的金额，客单价 = 支付宝成交金额 / 成交用户数。

同样，卖家在量子统计中可以查看到自己店铺的客单价情况，如图 3-53 所示。

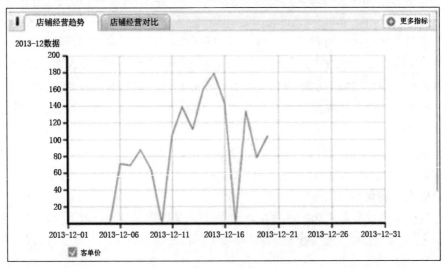

图 3-53   客单价

从客单价的计算公式中可以看出，提高客单价就是希望每个顾客都买很多，再往回推，如果顾客要买的多，那么他需要访问的页面就多，这就关系到平均访问深度，如图3-54所示。

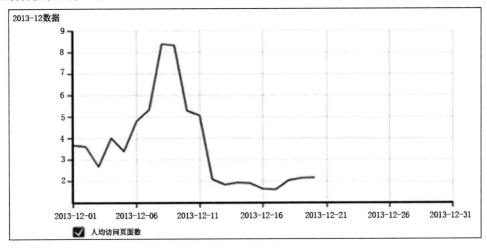

图 3-54　人均访问页面数

平均访问深度提高了，用户买多个宝贝的可能性也就提高了。现在有个很流行的做法，即在宝贝页加入其他宝贝的交叉链接。这个方法确实可行，但是做交叉链接时切忌一大片，要做得美观，能吸引眼球，这就考验美工的水平了。还可以进行包邮活动，顾客为了达到包邮也会多买或拉上朋友一起买。还有一些搭配链接，如衣服的搭配链接，护肤品的搭配链接，如图 3-55 所示。

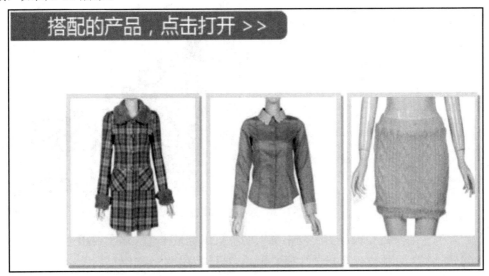

图 3-55　搭配链接

综上可见，提高销售额的方法其实很多，关键在于卖家要多思考，同时在执行方法后及时用量子统计总结实施效果，并不断调整改进，再总结，找出最适合的方法。

五、用量子统计发现爆款宝贝

什么是爆款宝贝，月销量过万？打单打到手抽筋？这样的爆款对大部分卖家来说是不太现实的。本书将爆款宝贝定义为销售量大，能给商家带来各种利益回报的商品。

1. 爆款宝贝的作用

爆款是表象，让我们绕到背后看看它的真相。细心的卖家会发现一个很奇怪的现象，在不做任何推广的情况下，一个宝贝一旦有了成交之后，就变得"好卖"了，而且成交量越大的宝贝就越容易再次成交。事实上，这种"越卖越好卖"的宝贝，就是爆款宝贝的雏形。

一个成功的爆款宝贝将为店铺带来大批买家，一个爆款的成功也许就导致了一个店铺的成功。

2. 如何发现爆款宝贝

（1）看宝贝被访情况，挑出关注度高的宝贝，如图 3-56 所示。

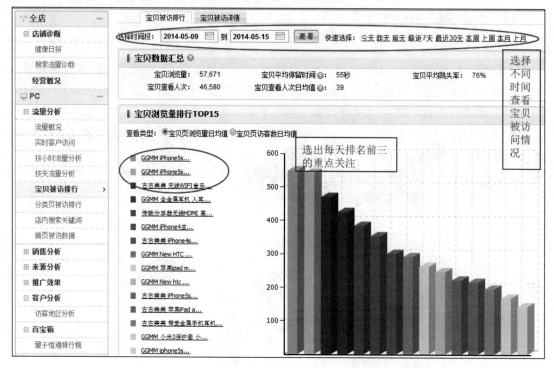

图 3-56 宝贝被访排行

建议卖家查看最近 7 天或一个月中每天的宝贝浏览量排行（这个要根据自己产品的销售周期进行选择），挑选出客户关注度最高的宝贝作为爆款候选宝贝。

（2）比较爆款候选宝贝跳失率，如图 3-57 所示。

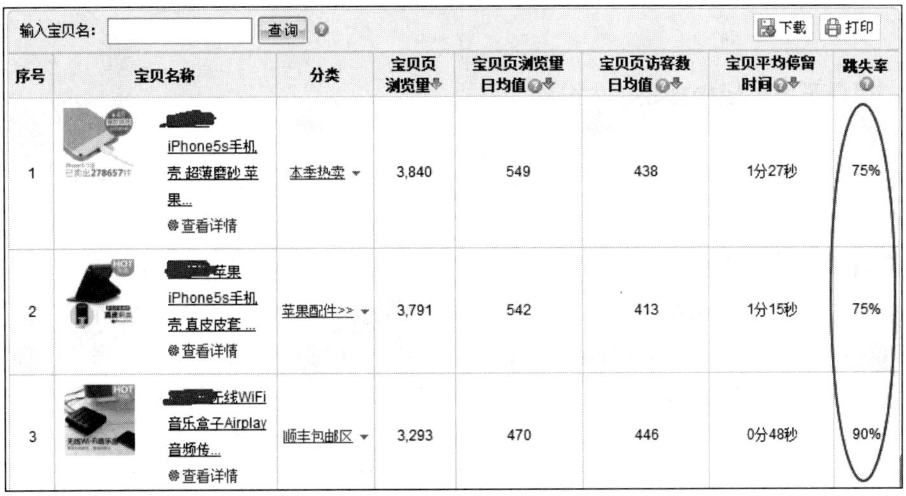

图 3-57　跳失率比较

（3）查看宝贝销售情况，如图 3-58 所示。

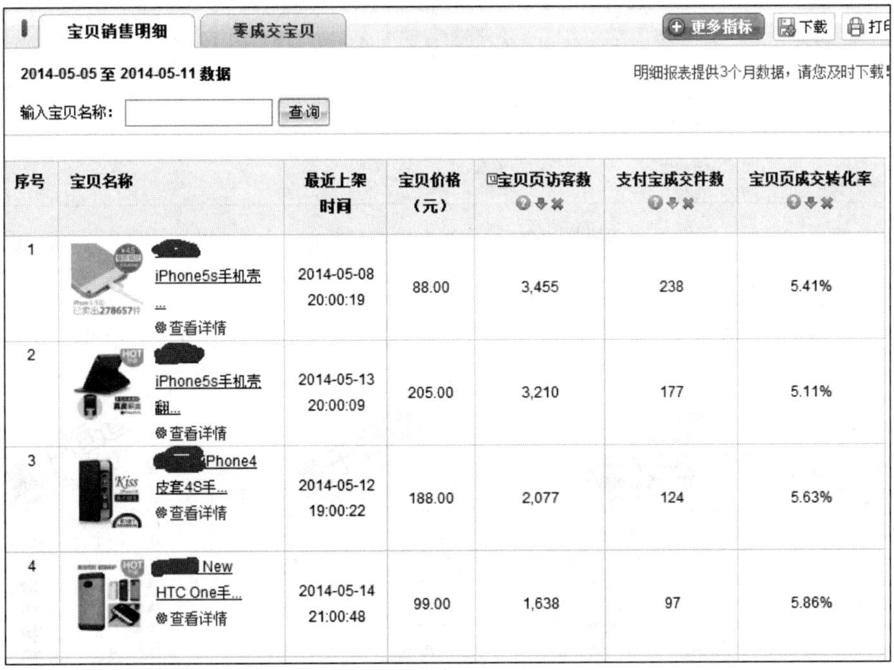

图 3-58　宝贝销售情况

在销售报表下的"宝贝销售明细"中可以查看爆款候选宝贝的收藏量，支付宝成交件数，宝贝成交转化率以及客单价等详细信息。

最后对照刚刚获取的各项数据挑选出最具有竞争力的宝贝，选出爆款宝贝后，要对这个宝贝精雕细琢，从宝贝详情页到推广全方位包装，打造成你的杀手锏。

另外，每个爆款宝贝都有自己的生命周期，要记得时刻关注爆款宝贝的各项数据指标是否健康。

六、用量子统计轻松搞定店内分类

对于宝贝分类，大部分卖家可能更关心如何把分类做得更漂亮，所以很多人可能会疑惑，这个量子统计也能帮忙吗？

1. 查看当前分类页被访情况

打开流量分析—分类页被访排行，查看分类页被访情况，如图 3-59 所示。图中主要有两个指标，浏览量和出店人次。浏览量代表分类目录被查看的次数，如果浏览量高，说明这个分类目录的名称吸引了顾客。出店人次代表从该分类页面离开店铺的人次，出店人次越高说明该分类目录越不吸引访客，则需要考虑优化这个分类。

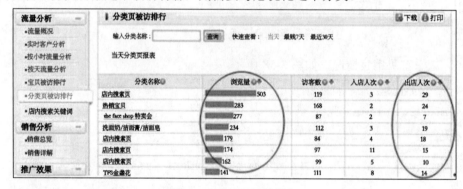

图 3-59　分类页被访排行

2. 如何优化分类目录

在分类页被访情况中可见，有的分类很吸引顾客，有的分类访问的人却寥寥无几。这时我们需要了解顾客到店里是想找什么，而了解顾客想找什么，就需要查看搜索关键词，如图 3-60 所示。

图 3-60　关键词报表

观察图 3-60 后发现，店内搜索关键词有"苹果手机壳"、"iphone 手机壳"等，所以，卖家要想到以下几个方面：

（1）需要按品牌分类，如 HTC、苹果等。

（2）客户可能对含有苹果手机壳的商品最感兴趣，可以把这种宝贝做成一个分类并放在宝贝分类的第一个位置甚至更醒目的地方，让顾客很容易找到。

最后，要提醒大家：顾客的需求在变，数据也在随之变化，所以，一定要及时根据数据更新自己的店铺分类，可以是一周总结一次，也可以周期长些，比如一个月。

七、用量子统计看清客户的"脸"

网络中的客户，看不到摸不着，所以常常让人觉得有劲没处使，看都看不到，我找谁去推销呢？其实，数据可以提供强大的支持，帮助掌柜们逐步看清电脑另一端的客户以及他们的行为逻辑，如：客人们在看什么宝贝？他们从哪里来？哪个地区的客户最多？谁买了你的宝贝？量子统计就提供了一些帮你了解客户的数据"眼镜"。

实时客户访问可以 24 小时实时监控哪些客户进正从哪个渠道进入你的店铺，进店后关注的宝贝是什么，客户所在城市，如图 3-61 所示。卖家还可以从中分析出如下几个方面：

（1）今天从哪里来的客户比较多？

（2）客人们关注哪些宝贝？

（3）哪个地区来的人多？

（4）今天的回头客多吗？

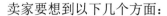

图 3-61　实时客户访问

1. 实时客户访问分析

针对这些数据分析，卖家就可以做一些事情。比如，今天从"特价"这个词搜索进入的访客多，那么就应该把更多的宝贝加入特价的行列。再比如，一家雨伞店今天来自上海的访客特别多，看看是不是上海最近阴雨天多，如果是，那就可以考虑多做些针对上海的促销或者主题活动。

2. 访客地区分析

哪些地区的客户更爱光顾你的店？可以通过图 3-62 查看。

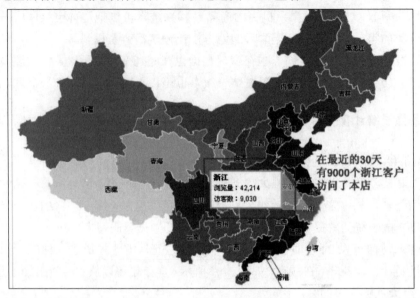

图 3-62　访客地区分析

通过图 3-62 可以查看全国各个省以及各个城市的来访人数和访问次数。你可以从中分析为什么有些地区的访客多？是因为该地区网络购物比较成熟，还是那个地区离你比较近，或者是因为那个地区的气候或习惯的原因，如南方人更习惯使用电热毯，北方人则更习惯吃芝麻酱等。

通过对访客地区分布的分析，卖家也可以做一些活动。比如，对访客量大的广东、浙江地区可以采取包邮措施来促进销售。再比如，卖电热毯的卖家可以针对南方地区采取团购活动。

3. 回头客分析

谁是你的回头客？卖家通过点击销售详解—买家分析可以查看买家购物的详细信息，如图 3-63 所示。

序号	买家ID	支付宝成交件数	支付宝成交笔数	支付宝成交金额	是否成交回头客	买
1	的大雁	14	12	470.60	否	
2	cai	10	10	427.00	否	
3	oufang	9	5	199.00	是	
4	水	8	6	180.96	是	
5	2003	8	6	283.00	是	
6	圭成	8	6	266.00	否	
7	30号	8	6	442.00	否	
8	78	8	7		这里能帮你看成交的是不是回头客	
9	7762	7	6	157.60	否	
10	暖	7	5	138.20	是	
11	4700	6	6	209.80	否	
12	999	6	6	185.80	否	
13	蟾	6	5	144.40	否	
14	1015	6	5	177.60	否	
15	cn	6	6	305.00	是	

图 3-63　销售详解—买家分析

对单个买家的本店成交情况进行记录，可以从中进行以下分析：

（1）使用周报表和月报表，可以帮助卖家知晓在一个月的成交里，老客户的成交占到了大约多少的比例，从而了解店铺对老客户的吸引率有多高。

（2）汇总回头客们的购买记录，看看有哪些共同特征。

通过针对回头客的数据分析，卖家可以考虑推出一些对回头客的优惠活动以促进销售。比如，如果老客户常常购买的单笔金额是 150 元，就可以推出满 150 元包邮的促销活动。

八、用量子轻松关注回头客

当一个店铺经营到一定的水准之后，如何抓住老客户就成为首要问题。老客户下单快，沟通顺畅，客单价高，是每个店铺的黄金客户。那么，如何知晓自己店铺的老客户情况呢？比较传统的办法是用 Excel 表逐个记录老客户的信息和购买情况，这种方法既费时又费力。下面详细介绍怎样用量子统计轻松管理回头客。

1. 浏览回头率

怎样找到客户的浏览回头率指标？打开量子统计—流量概况—数据汇总，出现如图 3-64 所示的窗口。

数据汇总				
	浏览量（PV）	访客数（UV）	人均访问页面数	人均店内停留时间（秒）　浏览回头率
今日	34,605	9,348	3.7	
昨日	124,729	32,869	3.79	
上周同期	148,725	39,397	3.78	
日均	124,276	31,538	3.94	

帮助说明
浏览回头客占店铺总访客数的百分比（浏览回头客指前6天内访问过店铺当日又来访问的顾客。
【了解更多】

最近7天被访问宝贝TOP10

图 3-64　流量概况—数据汇总

浏览回头率是指 6 天内有重复访问的客户，也就是 6 天内看了又看的客户，通常来说这部分客户对店铺的商品有兴趣，所以他们才会再次来看。一般来说，浏览回头率和店铺之间的关系有以下三种：

（1）浏览回头率高，成交高，店铺健康。

（2）浏览回头率低，成交高，需要注意客户管理，让初次到访的客户逐渐成为老客户，让客户更高频率地关注店铺。比如，针对老客户的上新、VIP 折扣等。

（3）浏览回头率高，成交低，需要注意自己的店铺在促使客户下单方面是否有不足，比如描述是否够详细，价格是否合理，是不是可以采取适当的活动。

2. 是否为成交回头客

打开销售分析—销售详解—买家购买分析，可以找到回头客指标，出现如图 3-65 所示的窗口。

图 3-65　销售详解—买家购买分析

销售详解数据中的买家分析数据，详细记录了买家是否为回头客，共购买了多少次，可以帮助卖家查看当天成交用户当中的成交回头客情况。这里的回头客是指之前有过成交的客户，是店铺的忠实用户，也是卖家需要最着力去维护的用户。成交用户中回头客越多，说明店铺的商品和服务让客户的满意度越高。

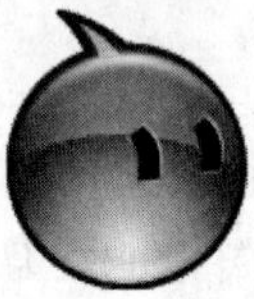

如果回头客多，卖家可以做一些针对老客户的活动，提升老客户的下单频率和客单价。

如果回头客少，卖家需要注意店铺的客户满意度管理，分析是什么原因导致买过的客户很少再次回来购买。

3. 直接访问数据

怎样找到直接访问数据指标？打开推广效果—流量来源构成—直接访问，出现如图 3-66 所示的窗口。

图 3-66　流量来源构成—直接访问

这是一个容易被忽略的，却能够帮助卖家掌握回头客动向的数据。直接访问是指直接输入店铺 URL 或直接打开店铺 URL 的客户，这部分客户通常是收藏了店铺页面或宝贝的老客户。一般来说，直接访问的比率越高，店铺的忠实客户群越大。

九、用量子统计衡量店铺吸引力

登录到 http://lz.taobao.com 时，第一眼就会看到如图 3-67 所示的表格。

数据汇总					
	浏览量（PV）	访客数（UV）	人均访问页面数	人均店内停留时间（秒）	浏览回头率
今日	55	17	3.24	796 秒	17.65%
昨日	167	29	5.76	653 秒	20.69%
上周同期	174	78	2.23	155 秒	10.26%
日均	106	33	3.24	276.53 秒	11.35%

图 3-67　数据汇总

1. 平均访问深度的行业对比

通常情况下，店铺装修、各类主题活动、新品、热销推荐等图文设置越吸引人，顾客每次访问浏览的页面数可能会越多，平均访问深度越高，越能说明店铺吸引力高，从而越有利于促进成交。但是如何知道自家店铺的平均访问深度和同行业其他店铺比是好还是坏呢？打开销售总览—行业经营可以进行对比，选择平均访问深度，就能查看自己和自己所在的一级类目均值的对比图，如图 3-68 所示。

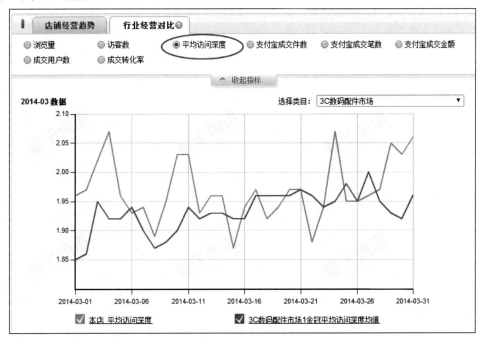

图 3-68　销售总览—店铺经营对比

图 3-68 中的本店平均访问深度基本都超过同类目均值，说明该店铺吸引力明显处于优势。反过来，如果平均访问深度较低时，卖家可以考虑增加各种宝贝间的关联，或对宝贝分类重新进行调整，以吸引用户对店铺中其他宝贝的关注。

2. 人均店内停留时间

人均店内停留时间指的是当天所有访客的访问过程中，平均每次连续访问店铺的停留时间。人均店内停留时间越久，说明该店铺的吸引力越大。

导致人均店内停留时间短的原因，有以下两个方面：

（1）宝贝页面杂乱，不能吸引顾客停留。

（2）分类混乱，顾客无法立刻找到自己心仪的宝贝。

针对这些问题，需要调整自己的宝贝页和分类页，可以参考前文第六点，即用量子统计轻松搞定店内分类。

3. 浏览回头率

浏览回头率指的是浏览回头客占店铺总访客数的百分比（浏览回头客指前 6 天内访问过店铺当日又来访问的顾客）。

浏览回头率高意味着顾客比较喜欢该店铺的宝贝，正面反映了店铺的吸引力，同时也反映了那些浏览回头客极有可能购买该店铺中的宝贝，达成最后的成交。

项目四

数据魔方

　　淘宝数据魔方可以帮助淘宝卖家：了解行业市场趋势，把握网购市场脉搏；洞悉行业热卖特征，辅助营销、指导生产；关注竞争对手情报，游刃有余地开拓、稳固市场；掌握买家购物习惯，主动出击获取更多顾客。

任务一 数据魔方简介

淘宝数据魔方基于淘宝网实时、全面、真实、海量的电子商务交易数据进行过滤、分析和挖掘，并以直观、易读的形式展现出来，可以帮助品牌企业及中小卖家深入地了解行业发展趋势、市场动态热点、品牌占有率和买家购物习惯，同时指导企业和卖家有依据地生产、研发并合理地营销。

一、数据魔方版本选择

针对品牌企业和中小卖家不同的数据需求，数据魔方分别推出了专业版和标准版。

数据魔方专业版与标准版的区别主要体现在功能性、时间维度和费用三个方面，专业版的功能较多，可以选择的时间维度更多，同时费用也更高。详见表4-1。

表4-1 数据魔方专业版和普通版的区别

项目	专业版	标准版
订购条件	3 600元一年起订，集市店铺信誉一钻（含）以上和天猫卖家可订购	90元/季，按季起订，集市店铺信誉一钻（含）以上和天猫卖家可订购
权限管理	最多可查看1年的数据，可添加其他店铺查看对方数据，可授权三个子账号，同IP下，多台机器可同时登录	最多可查看最近30天的数据，可添加其他店铺查看对方数据
实时数据	第一时间提供行业和您店铺的实时成交数据	无
行业数据	行业整体情况、子行业成交占比、行业热销店铺排行、行业热销宝贝排行、飙升宝贝排行、买家来访时段、地域分布、卖家规模、信誉、地域分布、商品标价分布、客单价分布、买家购买频次	行业整体情况、子行业成交占比、行业热销店铺排行、行业热销宝贝排行、飙升宝贝排行、买家来访时段、地域分布
品牌数据	热销品牌、飙升品牌排行、品牌下的热销宝贝排行、品牌成交、关注、竞争规模、品牌在行业下的成交分布、品牌下的热销店铺排行、商品标价分布、客单价分布、买家购买频次分布、买家购买时段、性别年龄分布、买家地域分布、卖家规模、信誉分布、卖家地域分布	热销品牌、飙升品牌排行、品牌下的热销宝贝排行、买家地域分布、卖家地域分布

续表

项目	专业版	标准版
产品数据	热销产品排行、产品下的热销宝贝排行、产品成交、关注、竞争规模、客单价分布、商品标价分布、买家购买频次分布、买家购买时段、性别年龄分布、买家地域分布、卖家规模、信誉分布、卖家地域分布	热销产品排行、产品下的热销宝贝排行、买家地域分布、卖家地域分布
属性	多维属性热销排行、单个属性热销排行、属性下的销售概况、属性下的热销店铺排行、属性下的热销宝贝排行	无
淘词数据	行业热词榜、全网关键词查询、宝贝标题诊断	行业热词榜、全网关键词查询（一次性订购或续费 180 元开通）
自由店铺数据	店铺成交概况、店铺在各行业下的经营排行、店铺热销宝贝排行、店铺飙升宝贝排行、店铺热销品牌排行、店铺买家购买频次分布、店铺客单价分布、店铺买家性别年龄分布	店铺成交概况、店铺在各行业下的经营排行、店铺热销宝贝排行、店铺飙升宝贝排行、店铺热销品牌排行、店铺买家购买频次分布、店铺客单价分布、店铺买家性别年龄分布、挑好货，货源推荐
流失顾客数据	店铺热销宝贝的浏览来源、顾客流失情况、流失顾客去其他店买了什么	无

二、数据魔方专业版功能模块

如图 4-1 所示，数据魔方专业版的功能模块主要分为第一时间、品牌分析、产品分析、属性分析、淘词、流失顾客分析和自有店铺分析，并且在不断升级中，每个功能进去以后还会细分到其他的维度。

图 4-1 数据魔方专业版功能图

三、数据魔方标准版功能模块

如图 4-2 所示,数据魔方标准版的功能模块较少,主要分为淘词、自有店铺分析、行情趋势如何、什么品牌好卖、什么产品好卖、谁家卖得好、什么宝贝好卖等,但也很人性化,对于初学者来说,更容易上手。

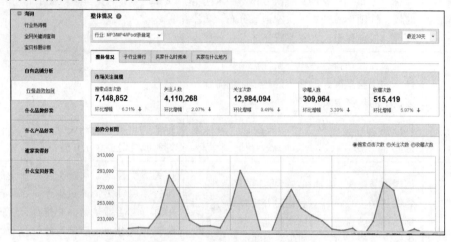

图 4-2 数据魔方标准版功能模块

总体来说,数据魔方专业版的功能更强,并且还在不断升级中,一般适用于成熟店铺。标准版的功能设计也很人性化,对于一般的新店和初学者来说,也基本够用。

四、数据魔方登录界面

打开数据魔方首页(http://mofang.taobao.com/),选择专业版或者标准版,输入用户名和密码可登录数据魔方,如图 4-3 所示。

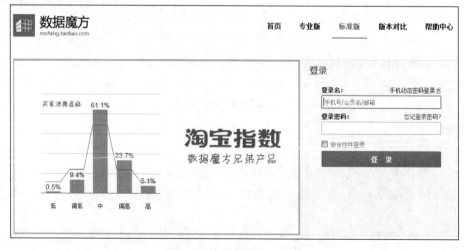

图 4-3 数据魔方登录界面

任务二 数据魔方第一时间报表

数据魔方第一时间报表显示的实时数据,每分钟更新一次。数据计算拍下并实际支付的金额和笔数,某些设置有促销价格的交易仍只统计实际成交。数据魔方第一时间报表主要分如下几个报表。

一、店铺实时走向报表

从图 4-4 可以看到店铺今天和昨天 24 小时各时段的对比成交状况,每分钟数据都会自动更新,这里有两个指标可以选择,即成交金额和成交笔数。成交金额按照店铺支付宝到账金额统计,数据每分钟更新一次。成交笔数按照店铺支付宝到账的成交笔数统计,数据每分钟更新一次。从图 4-4 中还可以很清楚的看出,该店铺昨天的交易金额略高于今天的交易金额。

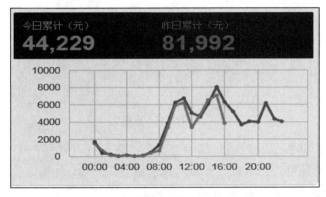

图 4-4 第一时间店铺实时走向报表

二、店铺在选定行业中的表现报表

图 4-5 店铺在行业中的表现

图 4-5 反映的是该店铺在"3C 数码配件"行业下的经营表现，可以更精准地定位店铺在行业下的实时经营状况，该店铺目前排名在 84 名，成交金额和成交笔数都一目了然。

三、TOP100 店铺实时变化

从图 4-6 可以看到"3C 数码配件"行业 TOP100 店铺的实时变化，其中，排名有上升的店铺在图中都将用橙色的柱体标示，橙色的柱体将被点亮；如果你的店铺进入了行业下的 TOP100，将会用红色的小旗子标示。

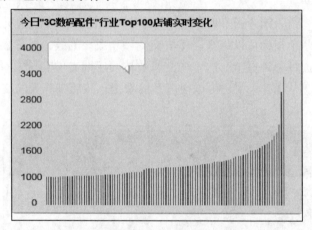

图 4-6　行业 TOP100 店铺实时变化

图 4-7 便于用户掌握最及时的店铺销售变化，这里可以看到"3C 数码配件"行业下卖的最火的 TOP100 店铺，也可以第一时间关注他们在做什么促销。

图 4-7　行业 TOP100 店铺

四、行业下热卖的 TOP50 宝贝

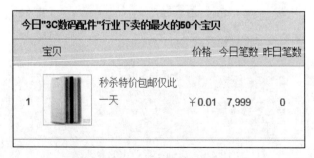

图 4-8　行业下热卖的 TOP50 宝贝

通过图 4-8 可以掌握"3C 数码配件"行业下每分钟销售最火爆的宝贝，可以进一步研究商家在做什么样的活动。这里包括有价格、今日笔数和昨日笔数三个指标。

（1）价格。价格按照宝贝当前的促销价显示，若没有促销价，则显示标价，数据每分钟更新一次。

（2）今日笔数。今日笔数按照宝贝支付宝到账的成交笔数统计，数据每分钟更新一次。

（3）昨日笔数。昨日笔数按照宝贝支付宝到账的成交笔数统计，是昨日全天的数据。

五、店铺内热卖的 TOP50 宝贝

通过图 4-9 可以知道店内每分钟销售最火爆的宝贝，如果正在做活动推广，将会第一时间监测到效果。

图 4-9　店铺内热卖的 TOP50 宝贝

任务三　数据魔方行业分析报表

行业分析提供一级以及子类目下的整体数据概况，主要展示行业的市场关注规模和历史走势。搜索点击次数、关注人数、关注次数的统计规则，在某行业下，计算进入到宝贝详情页面的人数或者次数。

行业分析包含整体情况、子行业排行、热销店铺排行、飙升宝贝排行、买家购买分析、买家信息分析和卖家分析等，如图 4-10 所示。

图 4-10　数据魔方行业分析

选择行业后，参看报表的时间维度为最近 30 天、最近半年、最近一年、上季度或自定义一个时间段。

一、行业整体情况

如图 4-11、图 4-12 和图 4-13 所示，行业整体情况主要有市场搜索次数和人数、关注次数和人数、收藏次数和人数等指标，数据图表分为在时间段内的市场关注规模的具体人数和次数的绝对数以及环比增幅、与之相对应的数据图以及自定义指标的数据报表。

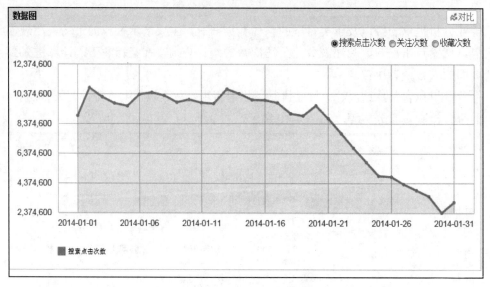

| 整体情况 | 子行业排行 | 热销店铺排行 | 热销宝贝排行 | 飙升宝贝排行 | 买家购买分析 | 买家信息分析 | 卖家分析 |

市场关注规模

搜索点击次数	关注人数	关注次数	收藏人数	收藏次数
253,381,278	**119,887,018**	**533,803,459**	**9,645,507**	**23,039,182**
环比增幅	环比增幅	环比增幅	环比增幅	环比增幅
16.71% ↓	21.71% ↓	23.23% ↓	15.65% ↓	1.32% ↓

图 4-11 "3C 数码配件"行业整体市场关注规模

图 4-12 行业整体市场关注规模数据图

数据报表 对比

设置指标

序号	日期	成交商品数	客单价	关注次数	关注人数	搜索点击次数
		263,602,131	101	533,803,459	119,887,018	253,381,278
1	2014-01-31	274,130	69	5,758,796	1,404,209	3,084,370
2	2014-01-30	438,174	69	4,654,423	1,242,875	2,374,693
3	2014-01-29	1,676,630	104	6,678,371	1,743,125	3,485,506
4	2014-01-28	1,559,950	108	7,356,874	1,909,155	3,880,971
5	2014-01-27	2,196,507	109	8,236,202	2,156,175	4,297,958
6	2014-01-26	3,131,106	123	9,275,238	2,388,752	4,796,721
7	2014-01-25	3,613,047	125	9,420,905	2,359,759	4,854,856

图 4-13 行业整体市场关注规模数据报表

通过市场关注规模的具体人数和次数的绝对数以及环比增幅、与之相对应的数据图以及自定义指标的数据报表，可以很清楚地看出所选行业被关注的趋势、成交的情况和价格等信息。

从图 4-11、图 4-12 和图 4-13 三个报表可以看出，“3C 数码配件”行业在 2014 年 1 月 1 日到 2014 年 1 月 31 日间，市场关注规模环比下降，其原因应该是受到传统春节的影响，一般在传统春节前或者有数码新产品推出前市场关注规模会显著上升。

二、子行业排行

子行业排行是行业整体的细分，如“3C 数码配件”行业，其细分的各个子行业成交占比和成交增幅一目了然，如图 4-14 所示。

行业: 3C数码配件　快捷时间　2014-01-01 至 2014-01-31

整体情况 | 子行业排行 | 热销店铺排行 | 热销宝贝排行 | 飙升宝贝排行 | 买家购买分析 | 买家信息分析 | 卖家分析

子行业排行

序号	子行业	成交占比	成交环比增幅
1	手机配件	27.88%	20.82% ↓
2	苹果专用配件	18.44%	12.41% ↓
3	手机保护套/壳	12.84%	18.87% ↓
4	移动电源	12.29%	16.12% ↓
5	电子元器件市场	11.74%	34.39% ↓
6	苹果保护套/保护壳	9.96%	11.91% ↓
7	手机零部件	6.32%	16.38% ↓

图 4-14 子行业排行

从图4-14可以看出，"3C数码配件"行业子行业排名靠前的是手机配件、苹果专用配件、手机保护壳和移动电源等。增幅下降最快的是电子元器件和手机配件。

三、热销店铺排行

展示行业下的热销店铺排行，可以按照信誉级别查询。热销店铺排行的规则是按照规定时间内，店铺总成交笔数、总成交金额、总 PV、总 UV 综合的一个权重公式进行排名。热销店铺排行可用于分析竞争对手，做到知己知彼。

通过如图 4-15 所示的店铺热卖 TOP 榜，可以很清楚地了解所选行业热销店铺成交的情况，还可以通过店铺详情更好地了解排名靠前的店铺信息。

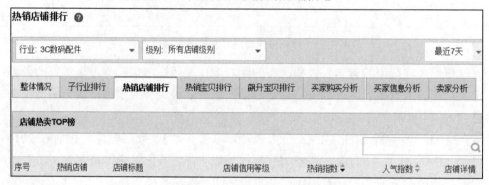

图 4-15　店铺热卖 TOP 榜

通过如图 4-16 所示的店铺热卖飙升榜，可以了解成交飙升最快的同行业店铺的详细信息，如是否促销等，以便帮助卖家判断以作出相关决策。

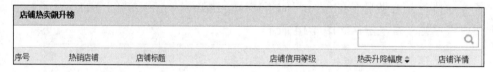

图 4-16　店铺热卖飙升榜

通过如图 4-17 所示的店铺人气飙升榜，可以看出在"3C 数码配件"行业下店铺的流量提升情况。

总之，通过热销店铺排行的三个指标，即店铺热卖 TOP 榜，店铺热卖飙升榜和店铺人气飙升榜，可以帮助卖家了解所选行业成交靠前、成交飙升和流量飙升的店铺信息，判断是否采用如促销、推广等策略来提升流量和成交量。

图 4-17　店铺人气飙升榜

四、热销宝贝排行和飙升宝贝排行

热销宝贝排行主要展示行业下的热销宝贝排行，如图4-18所示。排行规则是在规定时间内，按照满足正常交易（非批发交易、非不合规交易等）的交易量和交易金额的总和得出的排行榜。可用于分析该宝贝的流量来源，学习打造爆款。

图4-18 热销宝贝排行

飙升宝贝排行主要展示行业下热销增长幅度较大的宝贝排行，如图4-19所示。排行规则是在规定时间内，按照满足正常交易（非批发交易、非不合规交易等）的交易量和交易金额得出的增长幅度较高的宝贝排行榜。

图4-19 飙升宝贝排行

热销宝贝排行和飙升宝贝排行中的宝贝详情，会展示该宝贝的流量来源，从中了解买家是通过何种途径访问到的（即买家是通过哪些页面浏览到此款宝贝）。

五、买家购买分析

买家购买分析包括商品成交单价分布、客单价分布和买家购买频次三个报表。

1. 商品成交单价分布

商品成交单价分布指每笔子订单中单个商品的商品标价，以及该商品在整个行业内的价格段分布情况，如图4-20所示。

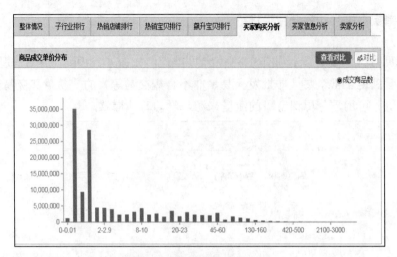

图 4-20　商品成交单价分布

同时，通过对比和查看对比，还能看到自己网店的成交转化率情况，如图 4-21 所示。

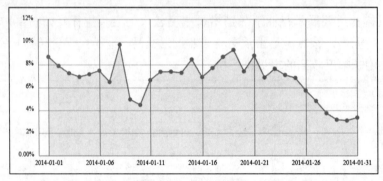

图 4-21　成交转化率

2. 客单价分布

客单价分布指一个消费者在该行业下购买商品成交价格的总和，如图 4-22 所示。

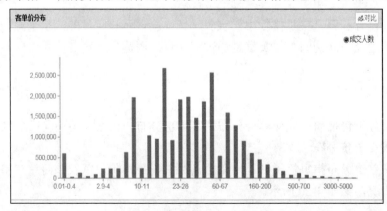

图 4-22　客单价分布

3．购买频次分布

购买频次分布指一年内购买过同一个类目的购买频次占比，可用于分析买家的购买行为，如图 4-23 所示。

序号	购买频次 ▲	成交人数 ⇕		成交人数占比 ⇕
1	期间购买1次	16,878,691	▬▬▬	79.02%
2	期间购买2次	2,839,113	▮	13.29%
3	期间购买3次	791,039	▏	3.70%
4	期间购买4次	333,161	▏	1.56%
5	期间购买5次	174,227	▏	0.82%
6	期间购买6次	121,901	▏	0.57%
7	期间购买7次	46,848	▏	0.22%

图 4-23　购买频次分布

通过对商品成交单价分布、客单价分布和买家购买频次三个报表进行分析，基本能反映出所选行业买家购买商品的整体价格分布特点、消费者的购买频次以及主要成交的商品价格等特点，同时，还能通过对比查看自己店铺的成交转化情况，对卖家进行推广促销、定价和消费者分析有着重要的意义。

六、买家信息分析

买家信息分析显示买家的来访购买时段、性别、年龄（根据实际支付宝实名认证信息）和地域分布（根据买家购买 IP 地址判断），如图 4-24 所示为来访高峰时段统计。

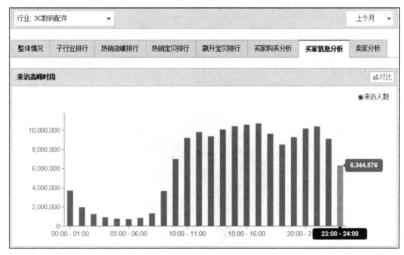

图 4-24　来访高峰时段

除了能查看来访高峰时段，还能查看购买高峰时段、买家地域、性别和年龄分布等信息，如图 4-25 至图 4-28 所示。

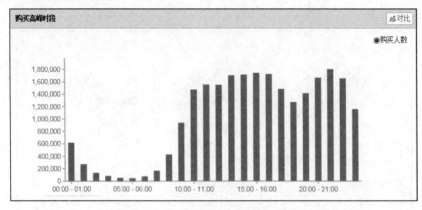

图 4-25　购买高峰时段

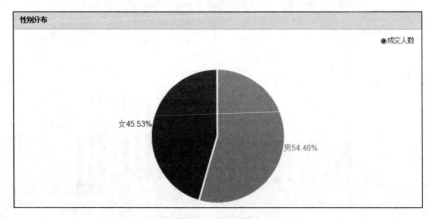

图 4-26　买家地域分布

性别分布

图 4-27　买家性别分布

年龄分布			
序号	年龄分布 ⇕	人数 ⇕	人数百分比 ⇕
1	18岁以下	7	0.00%
2	18岁-24岁	3,384,950	▅ 26.22%
3	25岁-29岁	4,089,746	▅ 31.67%
4	30岁-34岁	2,607,402	▅ 20.19%
5	35岁-39岁	1,353,743	▅ 10.48%
6	40岁-49岁	1,170,241	▅ 9.06%
7	50岁-59岁	239,115	▏ 1.85%
8	60岁及以上	66,578	▏ 0.52%

图 4-28　买家年龄分布

通过查看图 4-24 至图 4-28 这几个报表，可以看到，"3C 数码配件"买家的来访高峰和购买高峰基本是 10 点 ~23 点之间，消费人群集中在 18 岁 ~35 岁之间，这也符合这一类人群的生活习惯。另外，买家分布多在沿海发达城市，卖家如果要进行促销和推广，时间段和地域应该要符合上述各报表反映的特点。

七、卖家分析

卖家还可以展示行业下主要卖家的规模（卖家数量）、信誉等级以及地域分布（开店注册地址）等信息，如图 4-29 至图 4-31 所示。

图 4-29　卖家规模

卖家信用			
序号	卖家信用等级 ▲	成交笔数 ⇕	成交笔数占比 ⇕
1	0..0	12,831,378	33.57%
2	❤-❤❤❤❤❤	2,278,808	5.96%
3	◈	1,015,706	2.66%
4	◈◈	1,339,202	3.50%
5	◈◈◈	1,755,162	4.59%
6	◈◈◈◈	3,046,417	7.97%
7	◈◈◈◈◈	2,566,064	6.71%
8	♛	2,743,599	7.18%
9	♛♛	3,625,274	9.48%
10	♛♛♛	2,361,442	6.18%

图 4-30　卖家信用

卖家地域分布

●成交金额占比●成交笔数●成交商品数●
日均成交店铺数

排名	省份	成交金额占比	排名	城市	成交金额占比
1	广东	57.94%	1	深圳	42.77%
2	上海	9.21%	2	上海市	9.21%
3	浙江	6.51%	3	广州	8.06%
4	北京	6.41%	4	北京市	6.41%
5	江苏	5.13%	5	杭州	2.63%
6	福建	2.24%	6	东莞	2.01%
7	湖北	2.16%	7	武汉	1.89%
8	山东	1.75%	8	南京	1.79%
9	安徽	1.39%	9	苏州	1.29%
10	四川	1.12%	10	福州	1.14%
11	河南	0.90%	11	合肥	1.07%
12	湖南	0.81%	12	汕头	1.06%
13	河北	0.77%	13	金华	1.02%
14	江西	0.56%	14	成都	0.93%
15	广西	0.43%	15	宁波	0.79%

图 4-31　卖家地域分布

通过图 4-29 至图 3-31 中的几个指标，可以清楚"3C 数码配件"行业的竞争规模，2014 年 1 月 1 日到 2014 年 7 月 31 日这个时间段内，卖家的规模，包括店铺数都在剧烈的下降中，卖家多分布在广东等沿海发达地区，说明"3C 数码配件"行业在这一时段内的行业竞争程度在减弱；成交笔数和信誉等级不成正比，说明该时段内新店进入的门槛较低。

任务四　数据魔方市场细分

数据魔方的市场细分模块从品牌、产品、属性的角度分析热销宝贝、热卖店铺、买家和卖家等信息，帮助卖家对相关行业和品牌、产品市场进行详细的数据分析。

一、品牌分析

如图4-32所示，品牌分析功能包含品牌热销排行和品牌详情，品牌热销排行又分为热销品牌排行榜和飙升品牌排行榜。

热销品牌排行榜，统计的是在所选时间段内，按照成交金额等因素在淘宝全网的热销品牌排行，只统计TOP500，用于分析自有品牌和竞争品牌的排名，作到及时监测；飙升品牌排行榜，统计的是在所选时间段内，按照成交金额等因素在淘宝全网销售增长最快的品牌排行。

图4-32　品牌热销排行

品牌详情包括品牌整体情况、品牌行业分布、热销店铺排行、热销宝贝排行、买家购买分析、买家信息分析和卖家分析，如图4-33所示。

图4-33　品牌详情

从图 4-32 和图 4-33 来看，"3C 数码配件"行业的消费者对品牌的关注度在该时间段内有显著的提升，其中，大品牌三星和苹果处于遥遥领先的地位，说明其他品牌进入的门槛较高。同时，在行业下选择相应的品牌也可以看出各品牌的整体趋势、热销店铺和宝贝、买家、卖家等一系列数据。例如，搜索品牌宾丽的卖家分析，可以看出这一时期宾丽品牌的卖家规模、卖家信用和成交笔数以及卖家地域分布，如图 4-34、图 3-35 及图 3-36 所示。

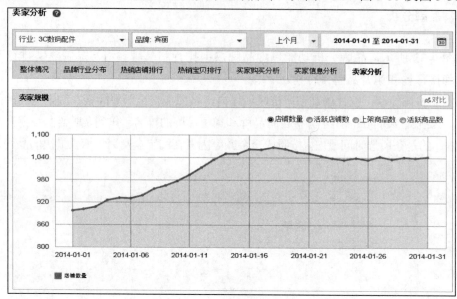

图 4-34　宾丽品牌的卖家规模

卖家信用			
序号	卖家信用等级 ⬍	成交笔数 ⬍	成交笔数占比 ⬍
1	(0，0)	22,395	97.42%
2	❤-❤❤❤❤❤	108	0.47%
3	💎	58	0.25%
4	💎💎	22	0.10%
5	💎💎💎	119	0.52%
6	💎💎💎💎	25	0.11%
7	💎💎💎💎💎	233	1.01%
8	👑	11	0.05%
9	👑👑	1	0.00%
10	👑👑👑	2	0.01%

每页显示 10 条 1-10 / 11 条　　　　　　1　2　下一页　共2页，到第　　页　确定

图 4-35　宾丽品牌的卖家信用和成交情况

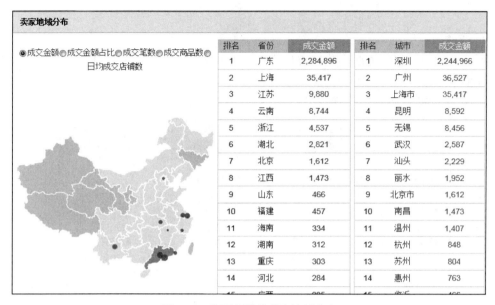

图 4-36 宾丽品牌的卖家地域分布

除此之外，卖家还可以根据自身需要选择该行业内具体的其他品牌查看热销店铺、热销宝贝、买家分析等数据情况。

二、产品分析

从图 4-32 中可见，数据魔方的产品分析功能包括产品热销排行和产品详情。

1. 产品热销排行

产品热销排行显示行业下热销产品。（有产品型号、规格的商品，如 3C 数码、化妆品等）的 TOP 排行榜，主要按照成交金额统计，由于数据量有限，不是每个产品都能上榜。

从图 4-37 中可以看出，在"3C 数码配件"行业中，苹果产品排名靠前，点击详情可以查看产品详情。

序号	产品名称 ⇕	成交金额 ⇕	成交人数 ⇕	成交商品数 ⇕	详情
1	Apple/苹果 iPhone 5	7,155,608	173,993	266,308	详情
2	Apple/苹果 iPhone 4	3,945,663	130,548	194,412	详情
3	Yoobao/羽博 YB647(10400mAh)	3,384,823	25,658	28,361	详情
4	Yoobao/羽博 YB6016 (13000mAh)	3,272,334	19,897	22,278	详情
5	QCY Q8	2,640,259	38,794	43,953	详情

图 4-37 产品热销排行

2. 产品详情

产品详情分为整体情况、热销宝贝排行、买家购买分析、买家信息分析和卖家分析，如图 4-38 所示。

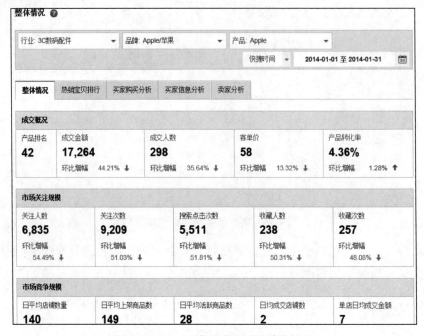

图 4-38　Apple/ 苹果产品详情整体情况

从整体情况可以看出 Apple/ 苹果产品的成交概况、市场关注规模以及市场竞争规模。

三、属性分析

数据魔方的属性分析功能分为属性组合排行、属性热销排行和属性详情。

属性组合排行是指某个行业中热销属性组合的一个热榜排行，在这个排行中可以看到属性维度的交叉，并排列组合成为榜单，方便卖家直接查看目前最热销的属性组合。

属性热销排行用于展示在行业下的热销属性排行，每个属性维度都是源于卖家发布后台的属性维度，每个属性维度下有单独的属性值排行（如裤子尺码，下面会分类为2.1尺、2.2尺等）。用于分析具体的热销特征，挖掘消费需求。如图 4-39 所示为音箱颜色分类属性排行。

属性详情主要用来查看某个属性值下的整体数据，包括成交概况和数据趋势图等。数据的取值都是基于卖家发布后台勾选的属性数值。如图 4-40 所示为音箱军绿色属性详情。

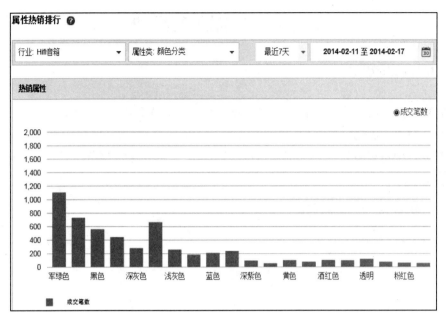

图 4-39　属性热销排行

图 4-40　军绿色属性详情

任务五　数据魔方其他功能

一、数据魔方淘词

数据魔方淘词可以分析行业热词榜、查找全网关键词和诊断宝贝标题，可以帮助卖家及时更新关键词和优化宝贝标题。

从图4-41中可以看到行业关键词热搜的排行榜，帮助卖家掌握整个行业关键词的趋势。

序号	热门关键词	搜索人气	搜索指数	点击指数	商城点击占比	点击率	成交指数	转化率	直通车
1	充电宝	239,059	745,409	501,570	56.48%	66.75%	29,499	3.71%	4.6
2	手机壳	189,968	467,344	133,470	44.3%	27.84%	2,824	0.54%	0.83
3	移动电源	185,800	661,906	465,659	60.11%	69.85%	19,212	2.7%	4.35
4	icon手机壳	173,586	275,700	15,573	2.66%	5.33%	31	0.01%	0.87
5	蓝牙耳机	155,459	466,383	244,459	54.85%	51.73%	11,264	2.24%	4.54
6	iphone5s手机壳	93,814	367,117	239,116	48.64%	64.57%	11,703	2.97%	2.65
7	iphone充电宝	79,602	106,555	13,712	23.22%	12.34%	64	0.05%	2.84
8	苹果5S充电宝	76,724	84,563	4,936	23.35%	5.51%	277	0.29%	2.42
9	苹果5s移动电源	76,599	84,022	4,676	13.28%	5.25%	190	0.2%	1.7
10	苹果4s手机壳	75,770	253,402	181,570	34.37%	71.17%	9,785	3.61%	1.95
11	移动电源 50000	75,373	81,198	1,452	30.21%	1.65%	121	0.13%	1.69

图4-41　"3C 数码配件"行业最近一周关键词热搜 TOP 榜

序号	飙升关键词	搜索飙升幅度
1	苹果5S充电宝	412.13% ↑
2	耳机专利线控	133.09% ↑
3	byz耳机	124.37% ↑
4	USB风扇	76.58% ↑
5	三脚架	61.67% ↑
6	红米note手机壳	53.51% ↑
7	蓝牙耳机4.0	51.18% ↑
8	s5原装皮套	40.71% ↑
9	10000mh充电宝	40.33% ↑
10	滤镜	40.16% ↑

图4-42　"3C 数码配件"行业最近一周关键词热搜飙升榜

图 4-42 反映了"3C 数码配件"行业最近一周关键词热搜飙升榜，可以看出一些潜力较大、上升较快的关键词。

目前，淘词功能提供每日 100 次关键词查询，如图 4-43 中，搜索关键词"数码"，可以看到数码关键词排行、搜索趋势与类目分布以及关联热词。

图 4-43　全网关键词搜索

除了掌握行业关键词以外，同时输入宝贝链接，还可以诊断自己店铺宝贝标题的情况，如图 4-44 所示。

图 4-44　宝贝标题诊断

二、数据魔方流失顾客分析

数据魔方流失顾客分析可以展示店铺流量 TOP20 宝贝的访问来源，通过提供可视化的数据流图帮助卖家直观了解顾客流失的去向，还可以知道流失顾客最终购买的宝贝，用于分析顾客流失的原因，以提升转化。

通过图 4-45 可以清楚地看出店铺的流量来源。

流量来源					
序号	来源名称	浏览次数	占比	浏览人数	人均浏览次数
		2399	100.00%	2053	1.23
1	淘宝站内搜索	995	41.48%	831	1.2
2	广告来源	709	29.55%	638	1.11
3	主要页面	481	20.05%	418	1.15
4	我的淘宝	99	4.13%	81	1.22
5	支付中心	80	3.33%	58	1.38
6	其它页面	35	1.46%	27	1.3

图 4-45　流量来源

通过图 4-46 能看出来访顾客流失的情况。

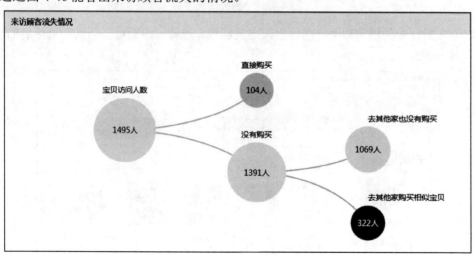

图 4-46　来访顾客流失情况

通过图 4-47 还能看出流失顾客去其他店铺的购买情况。

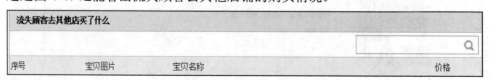

图 4-47　顾客去其他店买了什么

三、自有店铺分析

自有店铺分析主要展示本店铺的成交、转化率等一些整体店铺的数据分析，可以帮助卖家了解店铺整体运营情况。自有店铺分析是按照所选时间段内，实际完成支付的成交数据统计的，如图 4-48 所示。

图 4-48　自有店铺整体状况

任务六　数据魔方数据分析应用

数据魔方主要帮助中小卖家在进入新行业或开发新产品时做市场环境分析。比如，某段时期玩具行业卖家数量出现的下滑，对于新进入行业的卖家来说会有很好的警示作用。数据魔方数据分析要做好如下几个方面。

一、店铺定位

做好淘宝店跟做好线下传统企业一样，入市前期都需要准确的定位。电子商务时代的优势是卖家能利用精准的线上交易数据为店铺开张做指导。子行业何时进入竞争较小，子行业在其一级类目下的占比，行业内卖家数量及地域等级分布等，数据产品都有体现。做好店铺定位要根据行业整体的成交变化趋势选择细分类目，如图 4-49 所示。

序号	子行业	成交占比 ▾	成交环比增幅 ▾
1	手机配件	28.48%	1.15% ↑
2	电子元器件市场	15.57%	0.29% ↑
3	苹果专用配件	14.96%	2.43% ↓
4	手机保护套/壳	11.93%	1.69% ↓
5	移动电源	10.38%	11.41% ↓
6	苹果保护套/保护壳	7.48%	7.65% ↓
7	手机零部件	7.39%	1.71% ↑
8	电子元件	6.83%	1.84% ↑
9	笔记本电脑配件	6.57%	3.98% ↓
10	单反/单电相机配件	5.82%	4.94% ↓

每页显示 10 ▼ 条 1-10 / 344 条　　　1 2 3 4 … 35 下一页 共35页，到第 □ 页 确定

图 4-49　"3C 数码配件"子行业排行

图 4-49 显示的是淘宝"3C 数码配件"一级类目在 2013 年四季度的子行业成交占比和成交环比增幅。例如，手机配件一直是淘宝"3C 数码配件"行业中占比最大的子行业，并且随着冬季的到来，该行业的市场成交环比增速在逐渐扩大，移动电源成交环比增速最大。这就为卖家的商品选择以及行业定位提供了客观的数据依据。

当卖家计划进入某一行业时，就可以了解这一行业的竞争环境，从而决定是要依靠硬实力比拼竞争激烈的热门行业，还是抢占市场份额较少、竞争相对小的行业。

二、品牌定位

查看类目热销品牌和产品排行对于传统品牌商入驻淘宝是非常必要的。淘宝公开的信息包括品牌以及子品牌的成交规模和产品成交情况，包括详细的成交金额、成交笔数、客单价以及流量来源等。

三、产品的定位

卖家可以通过参考当前的热销宝贝，了解宝贝特性，从而发现消费者喜好。而热销宝贝中最重要的就是爆款宝贝的透视，如何种品质和流量可以打造爆款，从而帮助卖家选择更好的引流工具。

通过查看热销宝贝排行，卖家还可直接访问宝贝页面，继而查看对方店铺装修和描述，甚至直接进入竞争对手分析。

参考具体行业中商品的热销属性排行、热销品牌排行、热销单品的整体情况，如图 4-50、图 4-51 和图 4-52 所示。

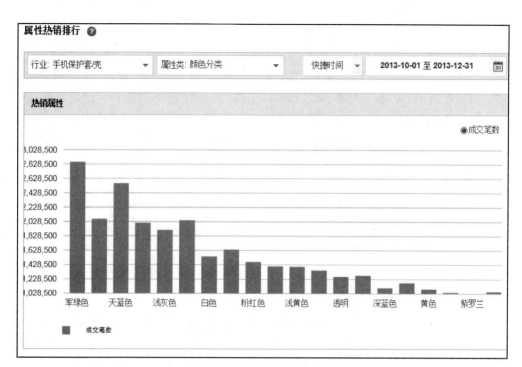

图 4-50　手机保护套 / 壳热销属性排行

图 4-51　手机保护套 / 壳热销品牌排行

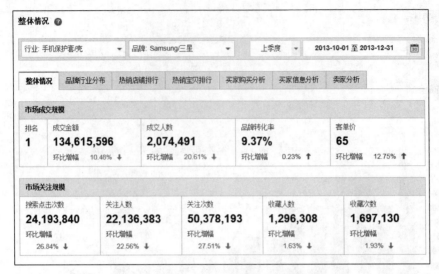

图 4-52 手机保护套 / 壳热销单品整体情况

当选定行业时，卖家要分析的是该行业下淘宝最热销的品牌、产品和属性。无论做什么品牌、何种层次的产品，当前热销商品一定是新卖家需要仔细研究的。行业热销属性方面，以手机保护套 / 壳为例，可查看该行业的热销属性排行榜。消费者搜索某一商品，尤其是标类商品时，一定会附带品牌、规格、价位等属性去查询，因此，卖家可以看到热销数据会呈现出交叉维度的结果，而这些维度恰恰源自卖家在发布宝贝时后台选择的属性指标。

热销属性排行可帮助卖家判断淘宝最热销的宝贝是属于哪种特征的商品，而属性可以告诉卖家更多有关商品特征的秘密，如当前消费者更偏好哪种具体规格、型号、款式、颜色、材质的宝贝。卖家在进入淘宝前，可以挖掘这些数据为产品定位做参考，方便后续的选款和生产计划的制订。中小卖家在品牌知名度无法与大品牌媲美时，如果在操作方法上做到规范，同样可以获得相对的竞争优势。

除了热销属性外，卖家还要参看热销品牌和热销产品。有能力成为淘宝的热销商品，一定有过人之处，需要透过数据研究其中的秘密所在。首先查看某一时间段内手机保护套 /壳的热销品牌，如需研究更细分的市场，则需要查看子行业下的热销品牌。品牌详情包括该品牌更详细的成交数据，基本可以帮助卖家对某个品牌在淘宝对应行业的情况做全面了解。在这样的基础上，卖家可以定义品牌差异化，做自己独特的品牌定位，针对当前市场情况做接下来的推广。

四、产品热销特征的定位

产品热销特征涉及产品价格、款式细节、颜色、套餐搭配等非常具体的指标，是需要重点关注的数据。除此，热销特征还包括不同产品价格区间的成交情况，当一间店铺的宝贝细分为引流款、爆款、基本款时，这三类产品不同的定价策略就可以参考行业的标价分布与行业的平均客单价分布趋势。

电子商务价格的透明大大方便了消费者比价，消费者有足够的时间和精力经过对比后再产生购买决定。因此，价格作为消费者购买商品最直接的因素，对于卖家来说，观察市场价格就变得非常重要。

定价最先需要参考的便是行业的客单价分布，如图 4-53 所示，在某时间段的"手机保护套 / 壳"类目下，成交人数分布最多的客单价区间是"31 ～ 39"。那么，在定价打款时，基本要保证不能脱离这个价格区间，否则很容易被大众消费者摒弃。

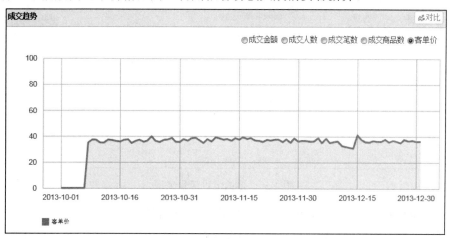

图 4-53　客单价

关于产品分析，什么流量比例是最好的，什么推广方式是最有效的，该怎么打造爆款等诸多问题，其实通过查看优秀店铺的数据，卖家自己研究就能找到答案。

查看行业热销宝贝排行，也可以按照品牌、产品、属性等维度去筛选热销宝贝排行，如图 4-54 所示。而单看排行榜或者进入宝贝详情页面浏览是远远不够的，真正的商品研究还要看宝贝相关的具体数据，比如宝贝的流量来源分析，如图 4-55 所示。

热销宝贝排行						
序号	热销宝贝	标题	价格	成交笔数	成交升降	宝贝详情
1		三星GT-i9152手机套i9158手机壳gt-19152p皮套19158p保护外壳真皮	￥136	42	55.56% ↑	展开
2		三星G7106手机套原装智能真皮sm-g7108V保护套4G 三星G7109手机壳	￥69	41	14.58% ↓	展开
3		三星GT-I9150保护套I9152翻盖真皮套19158 GT19152手机外壳19150	￥68	20	9.09% ↓	展开
4		三星9152皮套 9158手机壳9158手机套9150手机套皮套9152真皮套	￥158	19	26.67% ↑	展开

图 4-54　行业热销宝贝排行

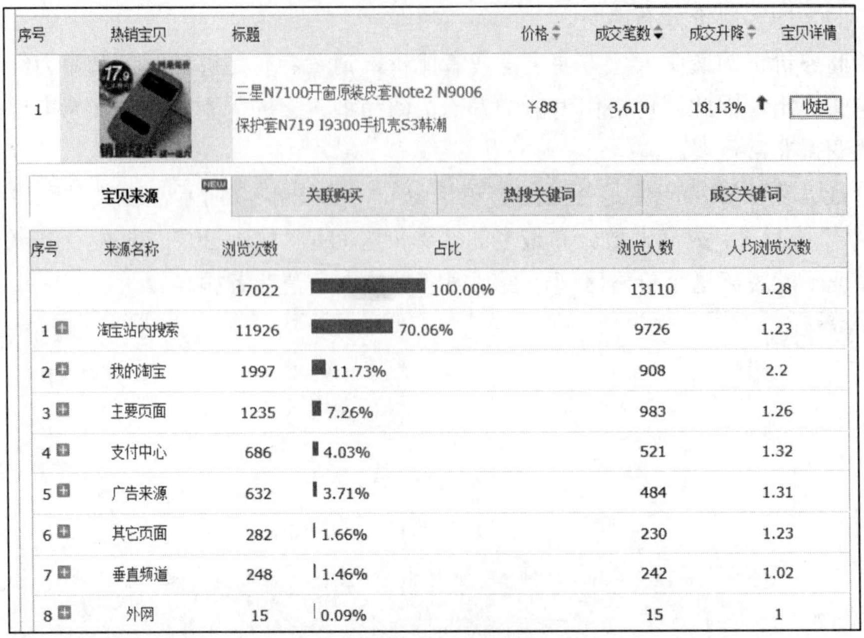

序号	热销宝贝	标题	价格	成交笔数	成交升降	宝贝详情
1		三星N7100开窗原装皮套Note2 N9006 保护套N719 I9300手机壳S3韩潮	￥88	3,610	18.13% ↑	收起

宝贝来源 NEW | 关联购买 | 热搜关键词 | 成交关键词

序号	来源名称	浏览次数	占比	浏览人数	人均浏览次数
		17022	100.00%	13110	1.28
1	淘宝站内搜索	11926	70.06%	9726	1.23
2	我的淘宝	1997	11.73%	908	2.2
3	主要页面	1235	7.26%	983	1.26
4	支付中心	686	4.03%	521	1.32
5	广告来源	632	3.71%	484	1.31
6	其它页面	282	1.66%	230	1.23
7	垂直频道	248	1.46%	242	1.02
8	外网	15	0.09%	15	1

图 4-55　热销宝贝流量来源

分析其他卖家的热销宝贝是如何推广的，推广方式有哪些，宝贝的流量比例如何，宝贝的转化率是多少。熟悉这些数据，可以方便卖家参考制定相应的营销策略。假如卖家的商品属于一个新品牌，或者开拓一个新品类，需要急速抢占市场，那么新老顾客的比例也会跟上述的情况不同，或者在宝贝流量来源分析里，通过搜索或活动页面得来的流量应该更高，而并非通过店铺收藏。可见，研究流量来源分析可以为后期的推广打下坚实的基础。只有在产品研究这部分下足功夫，卖家的定位才能真正做到位，店铺的前期运营工作才算得上完整。

五、买家行为分析

买家的购买时段和来访时段这两部分数据分析可以帮助卖家选择宝贝上架时间和直通车活动等投放时间，从而让营销活动更精细化。

买家的性别年龄分布可以帮助卖家了解某品牌或某店铺实际消费群体的人口统计特征，这一点非常关键。例如，通常卖家会人为地定位某品牌的消费群体，如某品牌针对高端中年女性，但实际消费数据显示购买者年龄偏小，与预期定位不符，这时就要考虑风格、价格、广告投放时间等是否出现偏差。

用户产生购买行为后，就从潜在客户变成了价值客户，而数据解析客户的意义也就在于从购买时间、商品、数量、支付金额等行为数据评价客户的价值，这是有一定成交量的卖家的进阶式数据分析方法。

1. 消费者支付金额、数量及购买频次分析

数据魔方的大量数据都源自于成交，可以帮助商家理解消费行为。例如，查看“面膜”

类目的成交数据，如图 4-56 所示，包括标价分布和客单价分布之间的对比。一个月内，面膜的成交商品标价分布最多的区间是 5.5~7 元，而成交人数的客单价（消费者累计购买金额）分布最多的区间是 58~67，就可算出平均每个用户会购买的面膜数量为 10 片。

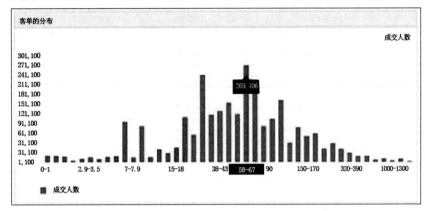

图 4-56　面膜 / 面膜粉客单价分布

假设该时段内，购买一次的消费者数量占绝大多数，则可得出大致的结论：一般购买面膜的消费者通常在一个月内购买一次，并且购买一次的面膜片数大概是 10 片，所以，搭配销售、组合销售时推出 10 片装优惠套装，或者关联其他不同类的面膜，最符合消费者购物特性。大多数消费者在网上一次购买的片数是 10 片，只要套装组合不偏离太多，消费者潜意识中就更容易接受卖家的商品。

2. 消费者来访时间

再来看下消费者来访时间，不同类目的来访和购买时间还是有明显差异的，针对面膜类目买家的来访时间，就可以设计对应的限时打折或者定向促销活动，甚至可据此安排上下架时间。如图 4-57 和图 4-58 所示。

行业面膜/面膜			上个月	2012-03-01至2012-08-31

整体情况	于行业排行	热销店铺排行	热销宝贝排行	买家购买分析	买家信息分析	卖家分析

来访高峰时段

序号	时间	来访人数	来访人数占比
TOP1	14:00-15:00	2412954	8.88%
TOP2	10:00-11:00	2384817	8.78%
TOP3	15:00-16:00	2375344	8.74%
TOP4	15:00-17:00	2292269	8.44%
TOP5	13:00-14:00	2250756	8.29%
TOP6	11:00-12:00	2208213	8.13%
TOP7	21:00-22:00	2162378	7.95%
TOP8	12:00-13:00	2037602	7.50%
TOP9	22:00-23:00	1980480	7.29%
TOP10	20:00-21:00	1960085	7.22%

每页显示 10 条 条1-10/24条　　　　　1　2　3　下一页　共3页 到第　　页 确定

图 4-57　面膜 / 面膜粉来访高峰时段

购买高峰时段			
序号	时段	成交人数	成交人数占
TOP1	10:00~11:00	272,889	9.96%
TOP2	14:00~15:00	203,980	7.44%
TOP3	11:00~12:00	203,965	7.44%
TOP4	15:00~16:00	202,701	7.40%
TOP5	21:00~2:00	196,391	7.17%
TOP6	16:00~17:00	193,851	7.08%
TOP7	22:00~3:00	193,838	7.07%
TOP8	13:00~14:00	191,738	7.00%
TOP9	12:00~13:00	178,125	6.50%
TOP10	21:00~22:00	165,097	6.03%

图 4-58　面膜 / 面膜粉购买高峰时段

从图 4-57 和图 4-58 可以看出，面膜类目买家的来访高峰时段是 14:00~15:00，次高峰来访时段是 10:00~11:00。成交高峰时段方面，第一成交高峰是 10:00~11:00，第二成交高峰是 14:00~15:00，来访和成交的时段并不是一一对应的。

另外，有些行业的来访高峰和购买高峰往往会在晚上甚至深夜，如图 4-59 和图 4-60 所示，可以看出住宅家具行业的餐桌子类，来访和成交的时段都在 21:00 以后。揣测消费者的购买常理就可以得到答案，即一般大件物品购买都以家庭为单位，不是下单者一人作出决策。

买家信息分析			
行业：餐桌 ▾		上个月 ▾	2012-08-01至2012-08-31

整体情况	子行业排行	热销店铺排行	热销宝贝排行	买家购买分析	买家信息分析	卖家分析

来访高峰时段			
序号	时段	来访人数	来访人数占比
Top1	21:00~22:00	318,015	8.89%
Top2	22:00~23:00	304,198	8.59%
Top3	15:00~17:00	299,384	8.45%
Top4	15:00~16:00	291,868	8.24%
Top5	20:00~21:00	277,561	7.84%
Top6	14:00~15:00	268,079	7.52%
Top7	17:00~18:00	264,199	7.45%
Top8	11:00~12:00	262,333	7.41%
Top9	10:00~11:00	257,524	7.27%
Top10	13:00~14:00	248,694	7.02%

每页显示 10 条1-10/24条　　　　1　2　3　下一页 共3页。到第 □ 页 确定

图 4-59　餐桌来访高峰时段

购买高峰时段			
序号	时段	成交人数	
top1	22:00-23:00	3.697	9.04%
top2	21:00-22:00	3.547	8.91%
top3	15:00-17:00	2.843	7.19%
top4	15:00-16:00	2.898	7.08%
top5	13:00-14:00	2.790	6.82%
top6	11:00-12:00	2.723	6.654%
top6	10:00-11:00	2.705	6.67%
top8	14:00-15:00	2.697	6.59%
top9	21:00-24:00	2.683	6.56%
top10	20:00-21:00	2.682	6.51%

每页显示 10 条1-10/24　　　　　　　　1　2　3 下一页 共3页,到第　　页 确定

图 4-60　餐桌购买高峰

所以，掌握不同类目下消费者的购物习惯，调整推广时段，对提升整个网店的转化率有很好的效果。

3. 消费者性别、年龄、地域分布

消费者数据其他的重要维度有性别、年龄、地域分布，其决定了消费群体的人口统计属性。在数据魔方里，卖家不仅可以查看某行业的人口统计数据，还可以查看某个具体品牌、产品以及属性下商品的消费者数据。以 iPhone 4s 和三星 Galaxy3 为例，如图 4-61 和图 4-62 所示，可以看出，使用三星的男性比例比苹果高。

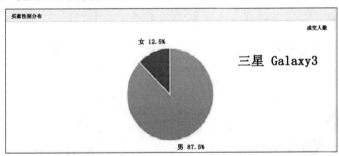

图 4-61　三星 Galaxy3 买家性别分布

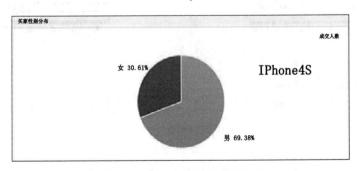

图 4-62　iphone4s 买家性别分布

4. 通过淘宝指数了解买家人群细分

卖家想要更多地挖掘人群细分数据，可以关注魔方团队的免费数据产品"淘宝指数"（shu.taobao.com）。这个产品公布的一些数据可以简单分析淘宝买家的人群细分，告诉卖家消费者都是谁，喜欢什么。相关内容可参考本书项目二。

搜索关键词"爱情公寓"可以看到如图4-63所示数据。

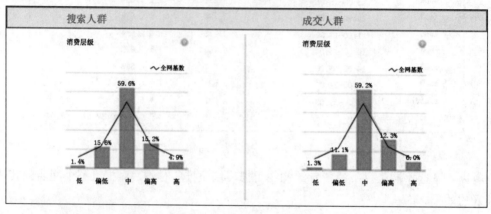

图 4-63　搜索人群和成交人群

该词搜索和成交的消费人群层级处于中等，因为"爱情公寓"这个关键词下的很多商品都是电视剧《爱情公寓》中演员的同款服饰，而且是夏季服饰，所以这部分商品本身客单价就不高，消费也偏向中等消费能力的人。

如图4-64所示，买家等级和人群身份中，新手和初级买家较多，白领和学生占比较大，这个数据印证了图4-63的中等水平消费能力。

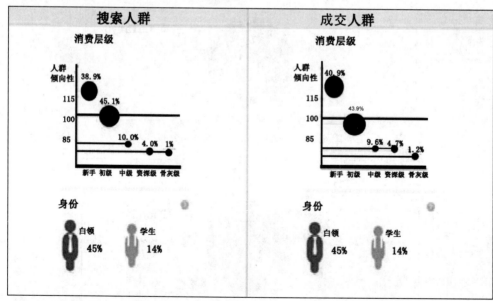

图 4-64　买家等级

最后，看消费者的爱好，其实这部分数据就是通过该消费者的关联收藏、购买的信息等多维度定义消费者的兴趣点。通过打标签，可以帮助卖家更好地理解消费者形象。比如，搜"爱情公寓"一词的人是爱美女生（会买很多女装、女鞋等类目），同时她也是宠物一族（购买过宠物用品）等。

只有做好消费者研究，才能更好地促进销售。

项目五

网店数据实战案例

本项目为真实案例，由"全球专业录音笔店铺"（网址：http://shop105748178.taobao.com/index.htm）店主"远方小海鸥"分享了网店从新店选品到店铺成长期再到成熟期整个过程的数据分析，以期给读者提供一套较为完整的数据分析案例。读者可以根据"全球录音笔网店"的参考案例，结合自己网店的实际情况，对网店数据分析整个脉络有一个整体的认识。

任务一　新店选品数据分析

根据 2013 年度中国电子商务市场数据监测报告，截止到 2013 年 12 月，实际运营的个人网店数量下降到 1 122 万家，同比减少 17.8%，而中国网购用户规模达 3.12 亿人，同比增长 26.3%。从以上数据可以看出，网购用户大幅增加的同时个人网店的数量却在下降，这说明很多个人网店倒闭。究其原因，除了个人网店经营管理不善以外，退出的网店很大程度上是因为竞争越来越激烈造成的，对于新进入市场的新店来说更加要注重选品，市场已经形成什么样的竞争局面，经营产品的运营难易度，这两方面是新店选品必须要考虑清楚的。同时，行业需求分析和顾客人群分析，对于新店来说也至关重要。

新店选品应主要进行四个方面的数据分析：一是行业竞争数据分析；二是产品运营难易度的数据分析；三是行业需求和顾客人群数据分析；四是售后情况数据分析。通过这四个方面的数据分析，可以看出该产品适不适合在网店进行销售。

下面以"全球录音笔网店"为例说明如何对新店选品进行数据分析。

一、行业竞争数据分析

行业竞争数据分析是新店选品必须要做的数据分析，对于初学者来说，网店还没有完全建设好，所以很难运用量子恒道统计或者数据魔方等工具进行数据分析，只能通过简单的查询相关商品数量，大体得出所在行业类目竞争的激烈程度，对选品作出自己的判断。商品数量查询主要通过淘宝首页搜索框输入宝贝名称查看宝贝数量。对于竞争商品数量相对较小的行业类目，很适合新店进入，反之，如果是充分竞争的行业，则进入难度相对较大。当然，等网店进入成长期或者成熟期，可以运用量子恒道以及数据魔方等工具进一步对行业进行精细化分析，得出的结论更加可靠。"全球录音笔店铺"在开设新店之前，需要初步了解录音笔在淘宝上竞争的商品数量情况，在淘宝首页搜索框输入"录音笔"进行查询，如图 5-1 所示。

从图 5-1 可以看出，录音笔淘宝竞争商品数量大约 2.33 万件，数量不大，表明该类目目前竞争相对不大，假如输入"女装"，同时期的数量则达到了 2 704.25 万，说明进入难度相对较大。所以，网店店主"远方小海鸥"在"女装"和"录音笔"的选择上，偏向"录音笔"作为新店的产品。

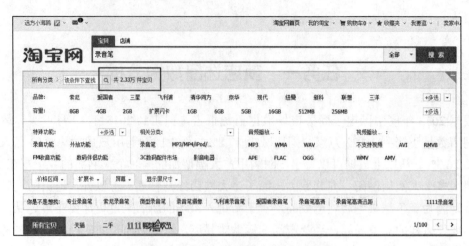

图 5-1　淘宝首页搜索框查看宝贝数量

二、产品运营难易度的数据分析

在分析了行业竞争数据之后，虽然类目竞争小的比较容易进入，但也要进一步分析该产品运营的难易度，具体的做法是分析宝贝的运营排名。如图 5-2 所示，在淘宝首页搜索框输入录音笔，然后点击人气排名，可以查看录音笔的人气排名情况。

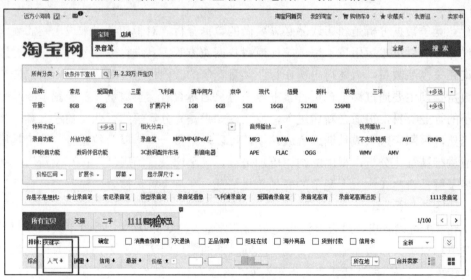

图 5-2　录音笔人气排名搜索

如图 5-2 所示，点击录音笔人气排名，然后翻查各页面的销量情况，找出在前三页最低销量的宝贝，录音笔排行结果如图 5-3 所示。

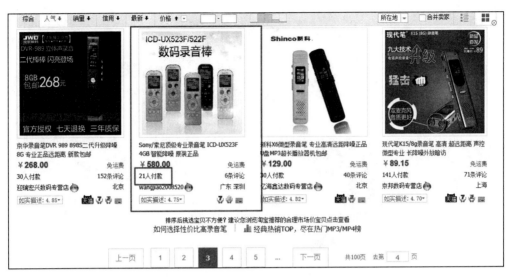

图 5-3　录音笔前三页人气排名

从图 5-3 中可以看到，录音笔人气排行搜索 1~3 页最低销量为 21 件，这意味着只要卖出 21 件，你的综合排名在 7 天上下架的时间下出现在前三页的机会就会越来越多，出现在前三页的机会越多，获得的流量概率越大。而如果是服装，如女装，最低成交要几百件才能冲击到前三页，这说明"录音笔"比"女装"的运营难度要小。对于刚起步的新店来说，应该选择运营难度较小的产品进入。

三、行业需求和顾客人群数据分析

1. 行业需求数据分析

通过对行业竞争和产品运营难易度的数据分析之后，确定了新店在选择产品的时候应该选择竞争数量较小、运营难度相对小的产品进入市场，但同时也要分析整个行业的需求和顾客人群，因为，即使行业竞争和运营难度小，如果行业需求不够或顾客人群定位不清，也很难带来流量和成交，同时，通过行业需求分析，也可以找出进入市场的最佳时机，对于处在下降周期的行业，新店不宜进入。对于顾客人群分析，主要是分析顾客的地域分布情况，从而选择新店的地址，使其能给物流带来方便，同时根据消费者情况可以确定产品的相关属性，如颜色、式样等。下面，以"录音笔"为例，通过"淘宝指数"分析"录音笔"的行业需求和顾客人群情况。

输入网址 http://shu.taobao.com，用淘宝网账号（旺旺账号）登录即可进入"淘宝指数"首页，如图 5-4 所示。

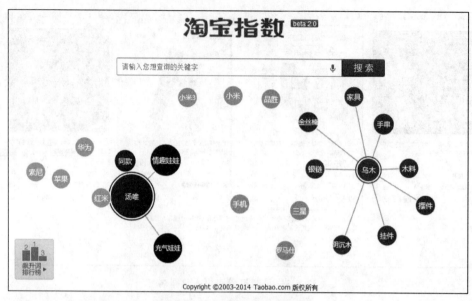

图 5-4 淘宝指数登录界面

在淘宝指数搜索框中输入"录音笔",点击"搜索"跳转至市场趋势页面,如图 5-5 所示。

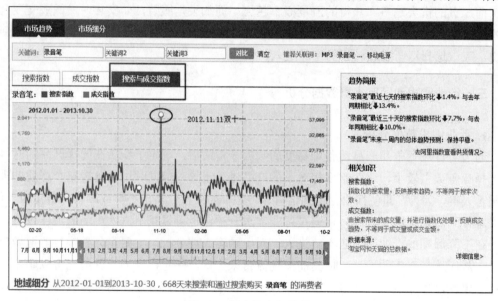

图 5-5 录音笔市场趋势

从图 5-5 的市场趋势数据可以看出录音笔的需求量及销售季节的变化。录音笔从 2012 年 1 月到 2013 年 10 月的搜索指数维持很小的变化,说明该产品的用户群体维持在一定的水平,暂时没有看到市场需求的上升,而是维持一个平衡。成交指数慢慢趋于上升,说明"录音笔"新店可以进入,但不是最佳进入时机。如果搜索指数和成交指数都维持上升,说明该产品特别适合新店的进入,反之,如果处于下降周期,则不太适合新店的进入。

2. 顾客人群分析

通过"淘宝指数"的顾客人群分析，可以查看地域细分和人群定位分析报表，如图5-6所示对录音笔顾客的地域细分进行了统计。

从图5-6可以看出，2012年1月到2013年10月的消费地域的细分主要分布在沿海发达地区，内陆发展中城市的成交很少，所以考虑到物流等要素，该产品适合在沿海地区开设网店。

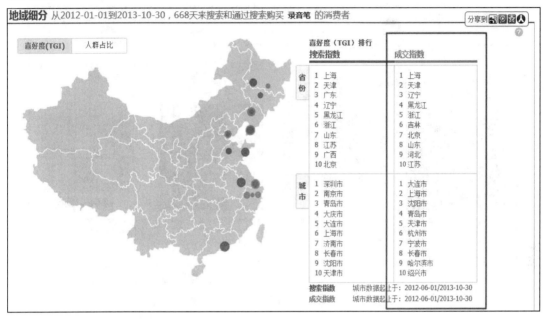

图5-6　录音笔顾客地域细分

图5-7中录音笔人群定位统计2012年1月到2013年10月人群消费的男女情况说明，男女顾客群体比率相差不大，所以在对产品样式、颜色等设计的时候应该要考虑男女的比率情况。

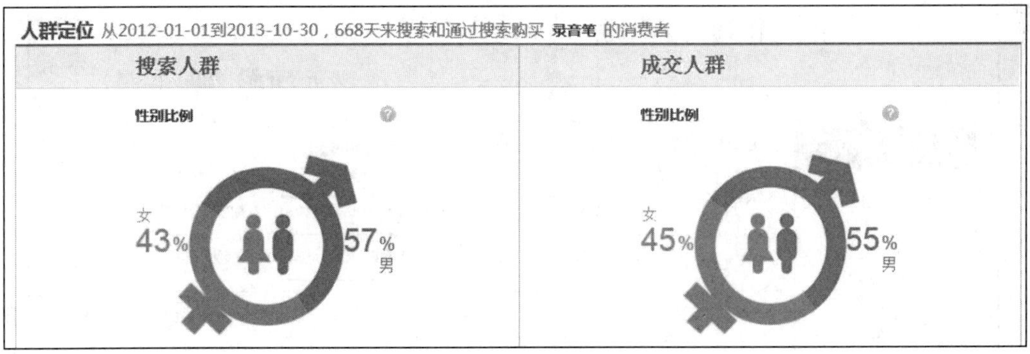

图5-7　录音笔人群定位

四、售后情况数据分析

分析售后情况数据主要是查看产品类目的中差评情况、评价内容和退款退货情况等，对售后情况进行分析，可以间接看出消费者对于产品的挑剔程度。

1. 如何查看中差评情况以及评价内容

第一步，通过淘宝搜索框输入"录音笔"，找出成交靠前的宝贝，如图 5-8 所示。

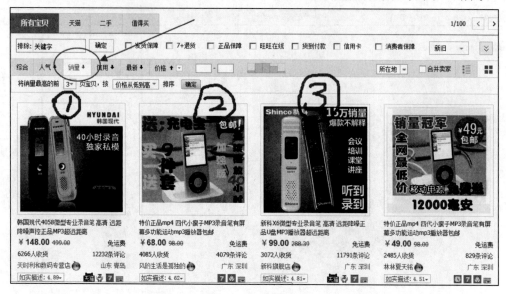

图 5-8　录音笔按销量成交靠前的宝贝

第二步，查看成交靠前的宝贝详情中的评价详情，录音笔可以选择成交排名在前三名的宝贝查看评价详情，如图 5-9 至图 5-11 所示。

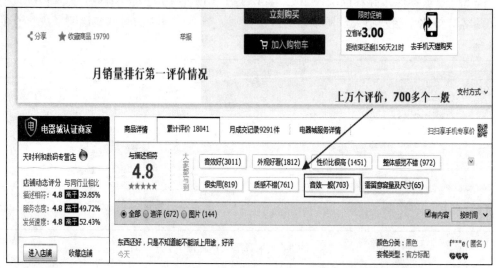

图 5-9　月销量排行第一的评价详情

图 5-10　月销量排行第二的评价详情

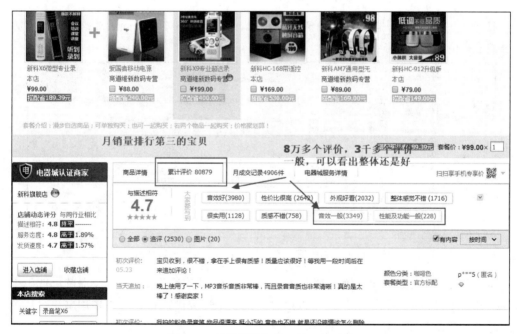

图 5-11　月销量排行第三的评价详情

从图 5-9 ~ 图 5-11 中可以看出，月销量第一的宝贝共有 18 041 条评价，只有七百多条评价一般；月销量第二的宝贝共有评价 4 089 条，其中，中评 22 条，差评 6 条，差评很少；

月销量第三的宝贝累计评价 80 879 条，3 349 条评价一般。从月销量排名前三的录音笔产品可以看出，评价的整体不错，好评率很高。这说明该产品顾客的挑剔程度较低，产品在网上交易容易让顾客产生信任，适合在网上开店，反之，如果好评不够，在开店的时候要注重质量和品牌，通过质量和品牌的影响，建立顾客的信任。

2. 如何查看退款退货情况

点击月销量排名第一的宝贝所在店铺的店铺动态评分，如图 5-12 所示。

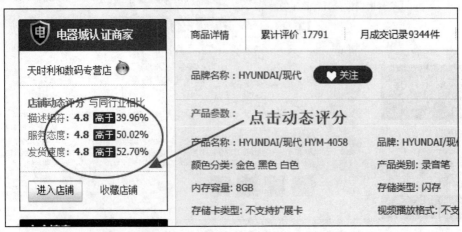

图 5-12　月销量第一的录音笔宝贝的店铺动态评分

通过图 5-12，进入店铺 30 天内的服务情况，可以看到对应录音笔月销量第一的店铺的退款退货情况，如图 5-13 所示。

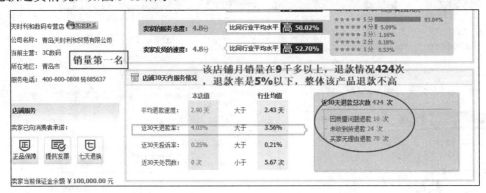

图 5-13　月销量第一的录音笔宝贝的退款退货情况

从图 5-13 可以看出，该店铺月销量在九千多件，退款次数为四百多次，退款率低于 5%，整体退款率不高。用同样的方法，可以通过店铺动态评分进入查看月销售排名第二和第三的产品，退款率均在个位数，说明行业的退款率较小，适合网上销售。

通过上述四个方面对录音笔的分析，可以得出如下结果：

（1）类目竞争相对小，意味着宝贝获得排名的难度相对小。

（2）主要成交地区分布在沿海发达地区，消费者性别男女相差不大，款式可以男女各半搭配。

（3）录音笔从 2012 年 1 月到 2013 年 10 月的搜索指数维持很小的变化，成交指数缓慢上升，基本适合新店进入。

（4）售后的好评率较高，退款率适中，顾客挑剔程度不是很高，售后服务难度不大。

基于以上几点结论，说明录音笔适合网上新店的进入。

任务二　选款数据分析

新开店铺一般有扶植期，卖家如果可以抓住这个期间，业绩会快速上涨。在淘宝网店上销售的产品一般都符合二八定律，即店铺上只有20%的产品卖得好，80%的产品会滞销，所以，在产品选择上要重点选择20%的产品进行突破，以此带动整个店铺的销售。在突破二到三款宝贝之后，再进行其他的精细化操作，只有这样才能做到以有限的资源进行最大化运营。

下面以"全球专业录音笔店铺"为例，说明如何在新店进行选款突破。

在新店初期，"全球专业录音笔店铺"只上架了八个宝贝，如图5-14所示，按照二八定律，应该选择两款产品进行重点突破。

如何确定要重点突破的两款宝贝？第一，利润空间大；第二，该宝贝在网上有某方面独特的卖点；第三，品牌的影响度，如果传统大品牌影响太大，则主推宝贝应该选择大品牌，反之，如果品牌影响力不大，则可以考虑性价比较高的产品；第四，产品质量好和售后方面问题较少的。

一、利润空间

利润空间这个因素非常重要，它决定了卖家的盈利空间及运营产品的空间。如果利润空间小，作为全职做淘宝的卖家，将很难生存，同时，产品运营时需要直通车推广费用等付费推广，也将很难持续走下去。

二、宝贝的独特卖点

因为店铺前期没有更多资源和大量资金投放在数码产品开发款式和广告测试款式，所以只能采用借鉴款式。同时，数据魔方等专业工具对于新店来说也应用不上。这里介绍的是通过简单方法分析选品。

在淘宝网上输入录音笔搜索，通过销量排行进行寻找，如图 5-15 所示。

图 5-14　全球专业录音笔店铺

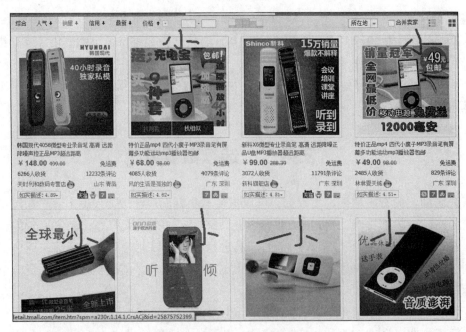

图 5-15　销量排前的录音笔 1

　　查看前几页销量可以发现两个特征：第一，销量靠前的都是外形较小的录音笔，如图 5-15 所示。第二，录音笔电池时间长的成交靠前，如图 5-16 所示，有两款待机时间长的排名靠前。通过分析，可以得出录音笔的卖点结论：第一，小巧的录音笔卖得好；第二，录音笔的待机时间越长越好。

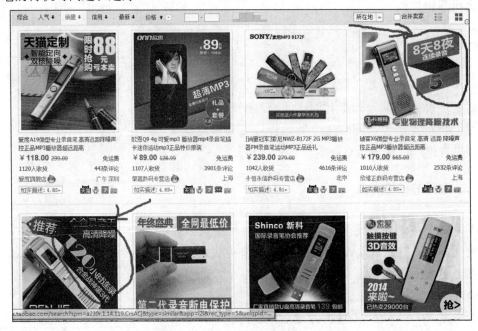

图 5-16　销量排前的录音笔 2

三、品牌的影响力

品牌的影响力主要是在网上对几个传统大品牌和一些新品牌进行销量对比，以此简单对比分析得出品牌对销量的大致影响力，为选款提供判断依据。操作方法主要是通过属性查找，如图 5-17 所示。

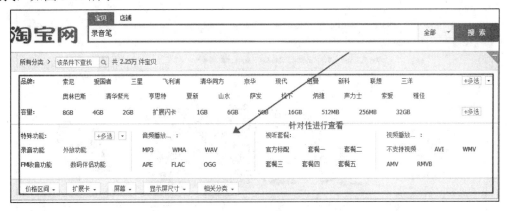

图 5-17　属性查找

通过属性查找，在所有分类里面选择"录音笔"的几大品牌，如飞利浦、索尼等大品牌查找最大销量。

如图 5-18 所示，查看飞利浦品牌，通过销量排行可以看出，飞利浦最高销量的宝贝是 91 件。

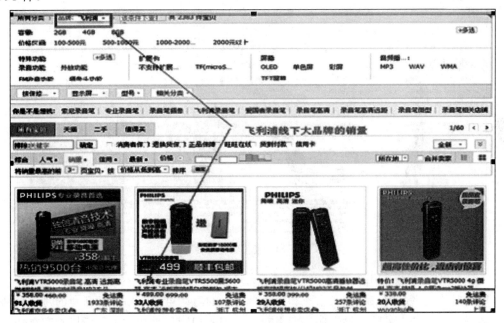

图 5-18　飞利浦品牌查找

从图 5-19 中可以看出，索尼的最高销量是 252 件。

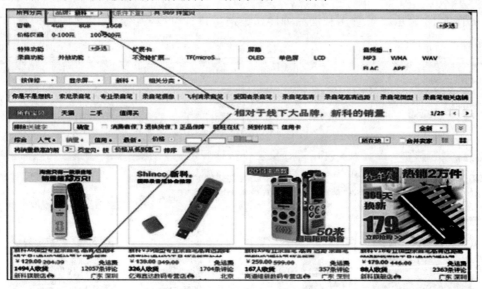

图 5-19　索尼品牌查找

用同样的方法可以搜索新品牌新科，结果如图 5-20 所示。

图 5-20　新科品牌查找

从图 5-20 中可以看出，新科的最高销量是 1 494 件。

通过对传统老品牌飞利浦、索尼和新品牌新科的对比可见，新品牌新科的月最高销量大大高于其他传统大品牌，这说明消费者对大品牌的识别不是非常强，所以卖家在选款的时候，没必要特别注重品牌的影响力，即使是新品牌，对于"录音笔"来说，也可以做主推宝贝。反过来，对于一些特别注重品牌的消费者，主推宝贝应更多考虑品牌的影响力。

四、售后问题反馈及评价

根据前面三个方面的分析，"全球专业录音笔店铺"在选择主推宝贝进行八选二的时候，基本确定了利润空间较大、小巧以及待机时间长的宝贝作为主推宝贝，品牌方面不做特别考虑，可以大体确定主推宝贝，但同时也要比较产品质量和售后的问题。一般新店成交小，很难看出消费者对产品质量的认同和发现售后问题，可以通过找出淘宝网其他大致相当的宝贝进行替代分析，如图 5-21 所示，找出了网上两款小巧且待机时间较长的宝贝看评价。

图 5-21　产品选择

具体的宝贝评价可以参看图 5-9、图 5-10 和图 5-11 的录音笔宝贝的评价，好评率较高的产品可以确定为主推产品。

以上介绍了"全球专业录音笔店铺"卖家在选择产品时进行考察的主要方面，通过对该类型选款录音笔的分析，不难得出如下结果：

（1）录音笔小巧且待机时间长的销量较好。

（2）消费者对传统大品牌的识别力不大。

（3）产品的售后好评较多。

（4）利润空间要大，为以后的促销活动留出价格空间。

结合上述几个方面的对比，卖家最后确定了以下两款产品作为店铺主推宝贝，如图5-22所示。

第一款：

第二款：

图 5-22 "全球录音笔"网店主推宝贝

任务三 宝贝成长数据分析

对于小卖家来说，在店铺的成长期应该关注的数据主要有店铺流量和几款选定单品的成交转化率。每天成交较多的卖家成长会稍快一些，因为他们会关注更多热卖宝贝的转化率。

店铺成长阶段的店铺流量来源主要有自然搜索、淘宝客以及直通车。卖家可以利用量子统计关注宝贝标题、上下架时间、收藏、评价、分享和重复购买这几个数据，通过这几个数据的分析带来较好的自然搜索流量。

一、宝贝标题的数据分析

对于标题的编排，我们主要通过关键词获取流量。获取关键词词汇的入口为淘宝网搜索框，如图 5-23 所示为搜索"录音笔"。

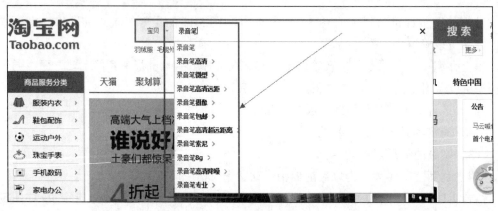

图 5-23 获取词汇入口

从图 5-23 中可以看到，输入热词"录音笔"，可以看到下拉框的排序，分别是录音笔高清、录音笔微型等热词，同时可以通过淘宝搜索"意图推荐关键词"，从中可以看到其他对应关键字，有专业录音笔、索尼录音笔等，如图 5-24 所示。

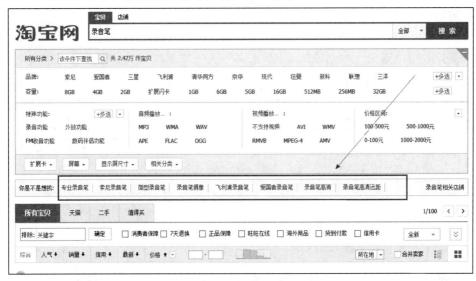

图 5-24 意图推荐关键词

将下拉框内显示的热词和淘宝搜索意图推荐关键词全部汇集起来，列在词汇表格里做好记录，如录音笔、录音笔高清、录音笔微型、录音笔高清远距、录音笔摄像、录音笔包邮等，这些都是搜索关键词的热词。

那么，网店宝贝标题要不要用这些热词，该用哪些热词，可以简单查看人气排名进行判断，如图 5-25 所示，输入热词"录音笔"，按人气排行进行排序。

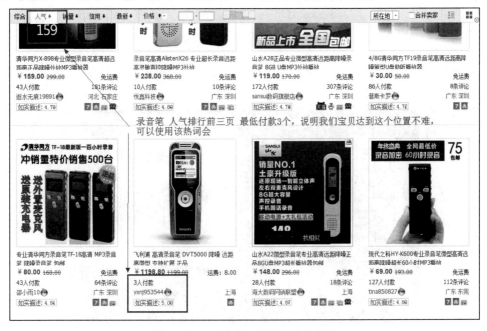

图 5-25 "录音笔"关键词人气排名

从图 5-25 可以看出，热词"录音笔"人气排行前三页中，最低的成交是 3 个，说明这个热词我们运营到 3 个成交就有机会进前三页，难度不大。

同理，输入热词"录音笔 高清 远距"，按人气排行搜索，如图 5-26 所示。

从图 5-26 可以看出，"录音笔 高清 远距"人气排名权重的前三页排名中成交最低的是 8 件，说明我们只要获得 8 笔成交，排名进入前三页的机会就会非常大。

同样的方法还可以查询其他"录音笔"相关的热词，看前三页中的最低成交，如果难度过大，则应该在标题里放弃这些热词，相反，难度较小的就可以放置在标题里。

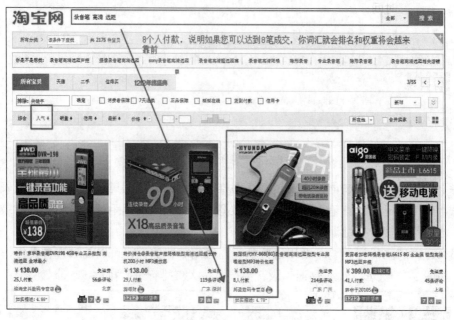

图 5-26 "录音笔 高清 远距"关键词人气排名

通过以上的方法，卖家用品牌关键词和难度较小的热词组合并结合宝贝的特点确立了宝贝标题，如图 5-27 所示。

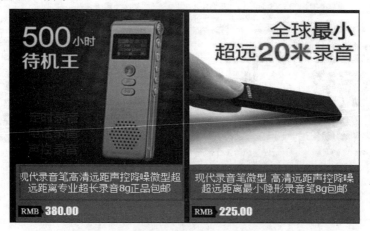

图 5-27 宝贝标题

款式一宝贝标题：现代录音笔高清远距声控降噪微型超远距离专业超长录音 8g 正品包邮

款式二宝贝标题：现代录音笔微型 高清远距声控降噪超远距离最小隐形录音笔 8g 包邮

注意："录音笔 8g"（中间没有空格）和"录音笔 8g"（中间有空格）的区别，如果消费者搜索对应的词汇，淘宝就会更多地推荐其一模一样的标题宝贝（即如果搜索没有空格的就会出现没有空格的更多产品展现，以此类推），所以该不该空格，主要看哪个词汇被消费者搜索得多。

二、上下架时间

一般刚开启的新店，很难知道最佳的上下架时间点，所以只有暂时选定一个时间段，等店铺流量开始进入的时候，使用量子恒道，下载 7 天的每天每小时的流量数据进行统计，如图 5-28 所示，就可以大概得出上下架的最佳时间。

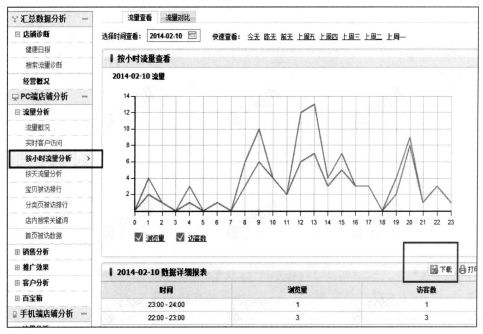

图 5-28　小时流量分析

"全球专业录音笔店铺"一共有 8 个产品，我们把上下架时间调到早上 10 点左右还有下午 4 点左右一共 7 天。根据宝贝的上下架周期，一般接近下架时间的宝贝淘宝会尽量往排名靠前去推，为保证每天至少有一个产品面临下架被淘宝推荐，我们大概是每天上架一个产品。同时，按小时流量统计，如图 5-28 所示，将上架时间调整到每天上午 9 点和中午 1 点。

三、其他几个关注的数据

1. 收藏量

通过收藏量的查看，可以发现潜力宝贝，潜力宝贝可以转化成主推宝贝。同时，收藏量也是以后要做付费推广或推爆款的主要选品依据。收藏量可以通过量子统计进行查看，如图 5-29 所示。

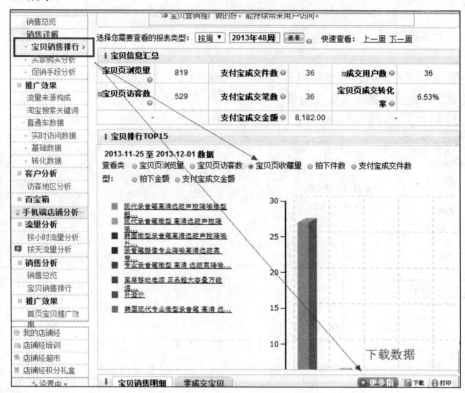

图 5-29　下载收藏量

下载数据，可以得到如图 5-30 所示的一段时间的收藏率统计。

款式	宝贝名称	宝贝ID	宝贝详情页链接地址	宝贝页访客	拍下件数	支付宝成	宝贝页收藏量	收藏率
						计算出一周收藏率		
宝贝销售排行_2013-11-25_2013-12-01周全部数据								
1	现代录音笔高清远距声控降噪微型超远距离专	1.9528E+10	http://item.taobao	384	37	6971	27	7%
2	现代录音笔微型 高清远距声控降噪 超远距离	1.9513E+10	http://item.taobao	139	3	471	6	4%
3	录音笔摄像专业降噪高清远距离 带摄像录音笔	2.6821E+10	http://item.taobao	39	2	740	1	3%

图 5-30　统计收藏率

从图 5-30 可以看到，款式 1 的收藏量较多，说明这个款式受欢迎的人数比较多，是潜力款。收藏率可以用于在众多款式中找到潜力款，这个指标比较重要，但最好持续跟踪一周甚至几周的数据。

2. 点击量

点击量＝展现量 × 点击率，要提高点击量，只有通过提高展现量和点击率来实现。提高展现量和点击率首先要看在关键词搜索下宝贝的展示，也即图片是否能做到足够吸引消费者点击，如图 5-31 所示。

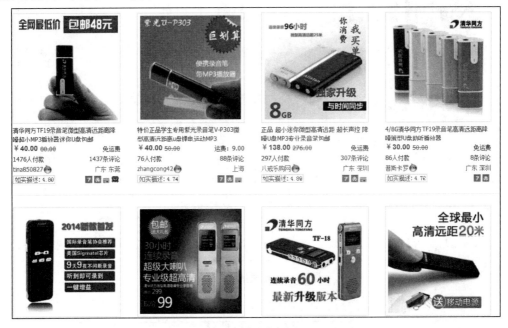

图 5-31　搜索页展示

一个关键词下，不同宝贝都会被展现，如果图片处理不好，很难带来点击。

要想知道自己网店宝贝的展现量和点击率情况，可以通过量子统计来查看，如图 5-32 所示。

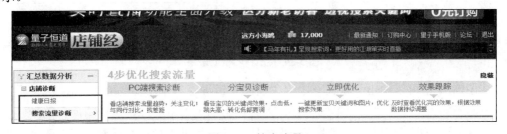

图 5-32　搜索流量

通过量子统计数据汇总工具中的搜索流量，进行分宝贝诊断查看，可以看到展现量和点击率等数据，如图 5-33 所示。

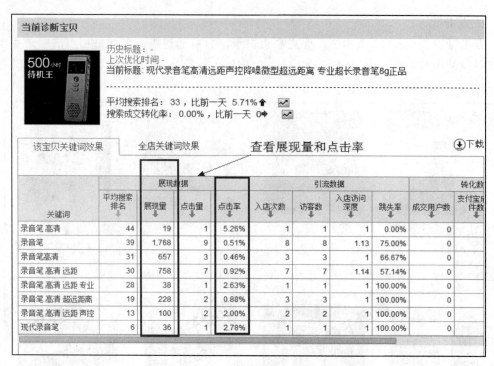

图 5-33　展现量和点击率

通过查看下载进行一周的统计，如图 5-34 所示。

	关键词	平均搜索排	展现量	点击量	点击率	入店次数	访客数	入店访问	跳失率	成交用户	支付宝成	支付宝成	成交转化率
	款式一：一周宝贝大流量的关键词全部数据												
2013/09/14	录音笔	39	1768	9	0.51%	8	8	1.13	0.75	0	0	0	0
	录音笔 高清 远距	30	758	7	0.92%	7	7	1.14	0.5714	0	0	0	0
2013/9/13	录音笔	44	1329	6	0.45%	6	6	1		0	0	0	0
	录音笔 高清 远距	35	828	3	0.36%	3	2			0	0	0	0
2013/9/12	录音笔	56	888	2	0.23%	2	2			0	0	0	0
	录音笔 高清 远距	32	835	2	0.24%	2	1	1		0	0	0	0
2013/9/11	录音笔	46	1181	8	0.68%	8	6	1		0	0	0	0
	录音笔 高清 远距	33	852	5	0.59%	5	5	1	1	1	200	0.2
2013/9/10	录音笔	39	1639	1	0.06%	1	1	1		0	0	0	0
2013/9/9	录音笔	41	1963	13	0.6%	13	11	1	0.8462	1	1	228	0.0909
	录音笔 高清 远距	27	670	7	1.04%	7	5	1	0.8571	0	0	0	0
2013/9/8	录音笔	51	1285	2	0.16%	2	2	1		0	0	0	0
	录音笔 高清 远距	29	699	2	0.29%	2	2	1	1	0	0	0	0
平均点击					0.476%								

图 5-34　统计一周点击率

从图 5-34 中可以看出，款式一一周主要的关键词点击率平均为 0.476%，这表明款式一各方面不算太差，不过可以继续优化、提升。影响点击率的因素包括图片、销量、上下架时间等。这个指标可以对宝贝进行全方位的跟踪，如果该指标非常差，那么要进一步分析，确定具体情况，以进行优化。

3. 转化率

转化率也是一个特别重要的指标，消费者点击后，能否促进消费者真正购买，要看转化率。在图 5-33 所示的当前诊断宝贝中可以查看转化率，如图 5-35 所示。

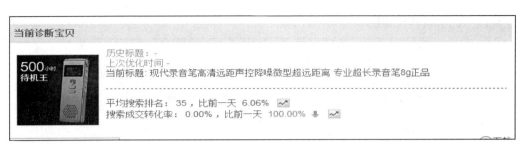

图 5-35　查看转化率

对于"全球专业录音笔店铺"前期来说，从图5-35可以看到，在这个过程中，转化率下降。影响宝贝的转化率有很多因素，经过调查得知，对手价格降低，同时，该宝贝详情不够突出。因此，我们进行了修改：第一，调整价格、增加赠品等；第二，优化宝贝详情信息；第三，注重消费者评价管理（即口碑）。具体措施主要体现在如下方面。

（1）推出优惠信息，并采取限量购活动，如图 5-36 所示。

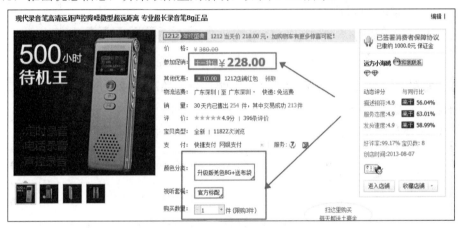

图 5-36　优惠信息、限量购

（2）调整优化宝贝详情，修改前的宝贝详情如图 5-37 所示。

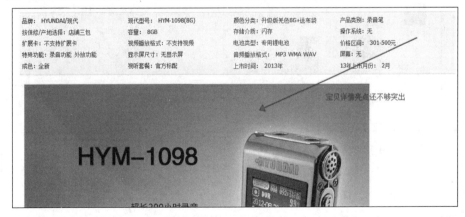

图 5-37　修改前的宝贝详情

修改后的宝贝详情如图 5-38 所示。

图 5-38　修改后的宝贝详情

（3）拥有良好的口碑。良好的口碑是影响转化率的一个非常重要的因素，因为绝大部分的消费者在购买前一定会浏览评价口碑，而要想拥有良好的口碑，产品质量首先要过关，同时，还要有良好的服务态度。如图 5-39 所示为相对比较理想的买家评论。

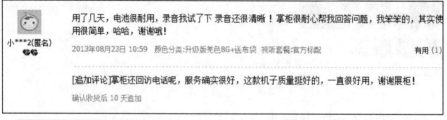

图 5-39　评论

修改后的转化率变化，如图 5-40 所示。

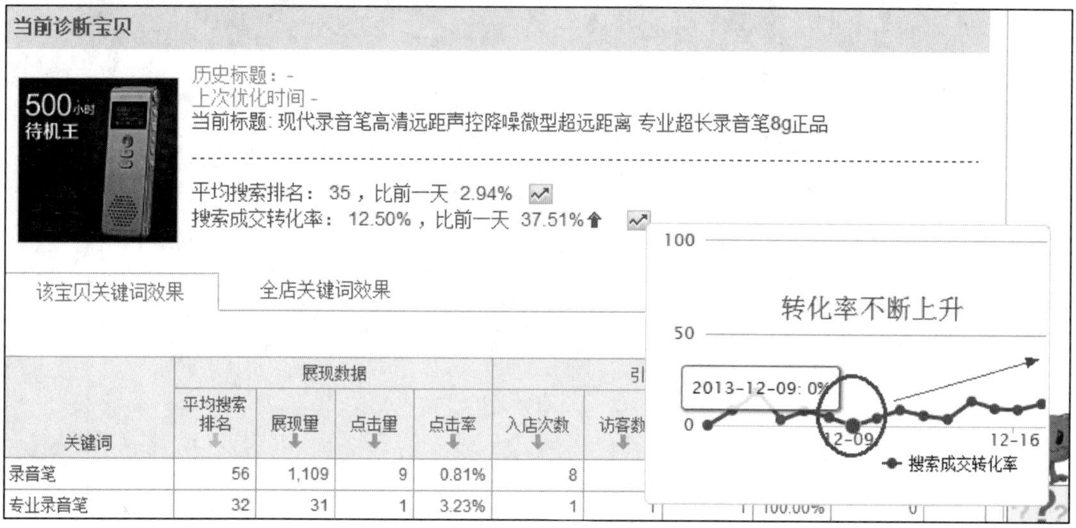

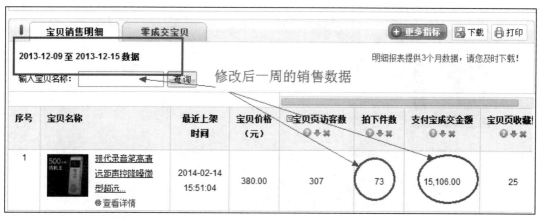

图 5-40　修改后的转化率变化

从图 5-40 中可以看到，12 月 9 号转化率为 0（圆圈的地方），经过优化后，转化率慢慢上升（图中箭线）。

图 5-41　销售明细

从图 5-41 中可以看到，转化率上涨，销售额也上涨。再总结下这个过程，搜索流量可以运用"量子恒道店铺经"这个工具来进行诊断，如图 5-42 所示。

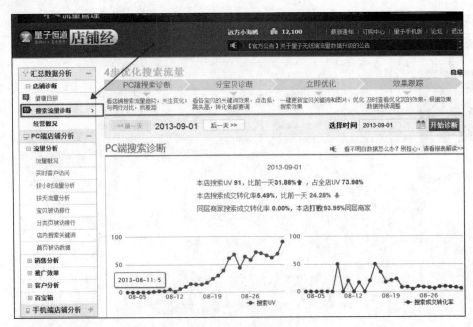

图 5-42　流量诊断

点击搜索流量诊断，结果如图 5-43 所示。

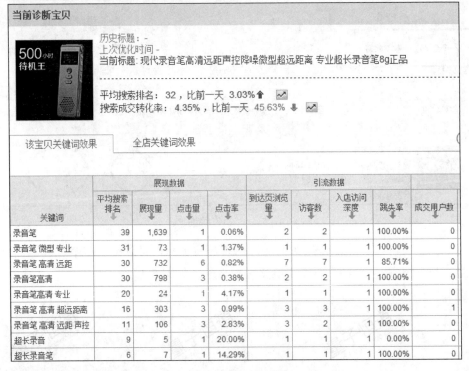

图 5-43　宝贝诊断

在这里还可以留意到这个类目的流量排行，如图 5-44 所示。

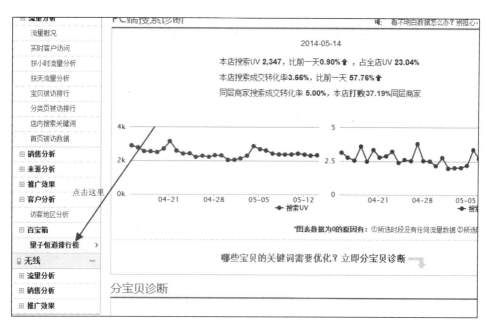

图 5-44 类目流量排行

点击进入量子恒道排行榜，结果如图 5-45 所示。

图 5-45 宝贝浏览量 TOP 榜

从图 5-45 可以看到，录音笔宝贝的浏览量飙升，通过前面一系列的数据分析以及不断采取针对的措施，整个店铺开始慢慢成长。

任务四　宝贝关键词的数据精细化

对宝贝关键词的数据精细化一般使用数据魔方，所以首先要进入数据魔方，选择自己网店对应的一级类目，如图 5-46 所示。

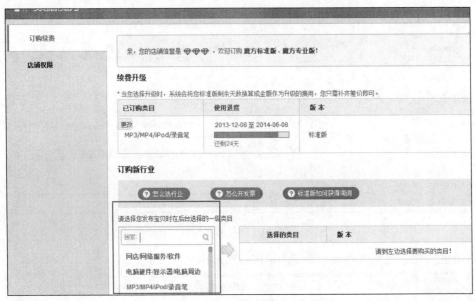

图 5-46　数据魔方类目查看

一、宝贝关键词的数据精细

从淘词（来源：数据魔方数据）中获得词汇数据，如图 5-47 所示。

图 5-47　行业热词

第一步，下载词汇，把不相关的词汇去掉，剩下相关录音笔的词汇，如图 5-48 所示。

序号	关键词	搜索人气	搜索指数	占比	点击指数	商城点击	点击率	当前宝贝	转化率	直通车
1	录音笔	27,483	93,158	54.66%	55,406	49.59%	58.85%	32,306	2.29%	3.4
2	录音笔 高清 远距	6,768	17,335	9.83%	12,364	51.15%	70.83%	1,445	3.10%	2.84
3	录音笔 微型 专业	3,494	8,472	4.73%	5,978	47.01%	70.06%	6,094	2.93%	2.53
4	摄像录音笔	2,154	5,254	2.91%	3,681	46.15%	69.56%	1,676	1.85%	1.11
5	索尼录音笔	2,136	4,953	2.74%	2,961	41.14%	59.15%	4,250	1.29%	2.97
6	录音笔 高清 降噪	1,741	4,607	2.54%	3,134	54.76%	67.49%	7,753	2.43%	3.18
7	录音笔 高清 超远距离	1,240	3,376	1.85%	2,140	42.51%	62.81%	1,158	1.91%	2.09
8	录音笔 微型 高清	760	1,860	1.01%	1,478	96.45%	79.11%	7,327	3.41%	2.4
9	爱国者录音笔	605	1,220	0.65%	823	79.77%	66.95%	1,957	2.48%	2.82
10	飞利浦录音笔	490	1,039	0.56%	689	55.02%	65.75%	4,239	2.59%	1.95
11	微型 摄像 录音笔 高清	481	1,172	0.63%	745	43.14%	63%	691	0.96%	0
12	录音笔 高清 远距 声控	448	988	0.53%	688	31.30%	69.13%	297	2.64%	2.68
13	专业摄像录音笔 微型	418	1,076	0.58%	544	40.45%	49.80%	534	0.56%	0
14	录音笔 包邮	398	946	0.51%	768	42.05%	80.88%	32,307	3.22%	2.12
15	清华同方录音笔	387	889	0.47%	747	48.07%	83.74%	2,007	3.92%	1.23
16	带摄像录音笔	386	709	0.38%	420	29.26%	58.57%	102	0.74%	1.45
17	新科录音笔	363	729	0.39%	454	72.57%	61.63%	998	4.68%	1.85
18	录音笔 高清 远距离	334	723	0.38%	649	23.21%	89.60%	7,381	0.97%	1.98
19	高清 远距摄像录音笔	319	663	0.35%	376	48.58%	56.01%	52	1.32%	0
20	录音笔 高清 降噪 外放	316	671	0.36%	533	37.95%	79.11%	483	2.61%	2.43
21	现代录音笔	298	833	0.44%	523	45.12%	62.20%	2,740	1.68%	1.86
22	录音笔X60	286	325	0.17%	343	0.00%	105.46%	15	5.74%	0
23	录音笔 微型	263	481	0.25%	376	29.25%	77.66%	7,844	5.49%	2.48
24	京华录音笔	262	511	0.27%	348	84.44%	67.59%	1,210	2.59%	3.2
25	三星录音笔	252	523	0.28%	255	13.68%	47.98%	290	0.51%	0.8
26	录音笔 专业 超长	229	520	0.27%	379	100%	72.42%	989	2.37%	0
27	SONY录音笔 专业 正品	214	433	0.23%	234	69.35%	53.27%	382	1.43%	1.94
28	录音笔 专业 索尼	201	347	0.18%	232	87.26%	66.24%	647	0.77%	1.64
29	奥林巴斯录音笔	156	351	0.18%	212	48.73%	59.75%	876	0.00%	1.2
30	录音笔 特价	154	380	0.20%	277	94.19%	72.26%	32,307	2.10%	0
31	录音笔 专业	138	385	0.20%	170	60.32%	43.45%	11,470	1.15%	2.5

序号	关键词	搜索人气	搜索指数	占比	点击指数	商城点击	点击率	当前宝贝	转化率	直通车
32	韩国现代录音笔	129	251	0.13%	153	41.42%	60.14%	1,755	1.42%	1.23
33	录音笔 高清	128	420	0.22%	670	17.52%	161.05%	13,367	2.53%	3.01
34	紫光录音笔	125	284	0.15%	201	42.41%	70.44%	630	2.83%	0.63
35	炳捷录音笔	123	194	0.10%	205	41.67%	105.56%	303	6.02%	1.31
36	纽曼录音笔	119	242	0.13%	164	64.84%	67.41%	848	1.85%	0.88
38	录音笔 远距离	113	288	0.15%	183	54.19%	62.85%	8,581	3.72%	2.9
37	联想录音笔	113	229	0.12%	136	80.67%	58.82%	418	1.57%	1.65
39	索尼d50录音笔	112	193	0.10%	138	33.55%	71.03%	345	1.87%	0
40	录音笔 高清 远距 降噪	106	279	0.15%	179	56.78%	63.58%	978	2.88%	2.16
41	三洋录音笔	102	208	0.11%	130	67.13%	61.64%	182	0.43%	1.05
42	超长录音笔 微型 专业	101	176	0.09%	141	43.59%	80%	582	1.54%	3.95
44	录音笔 手机	99	224	0.12%	230	17.12%	102.80%	638	1.20%	4.29
43	1录音笔	99	180	0.09%	89	57.73%	48.50%	448	0.50%	1.6
45	飞利浦录音笔VTR5000	97	219	0.11%	155	51.46%	70.08%	602	5.33%	0.9
46	录音笔 自动保存	91	110	0.06%	96	0.95%	86.78%	77	1.65%	0
47	专业高清远距录音笔	88	207	0.11%	123	57.04%	58.70%	1,120	0.43%	0
48	松下录音笔	86	200	0.10%	109	55.46%	53.36%	381	2.24%	0
49	录音笔 专业 正品	84	286	0.15%	854	3.78%	305.30%	6,925	1.25%	2
50	录音笔 降噪专业 高清	82	96	0.05%	80	1.15%	82.86%	5,333	0.95%	2.74
51	隐形录音笔	81	105	0.05%	75	14.81%	70.43%	9	1.74%	1.24
52	录音笔 微型 声控专业	75	154	0.08%	83	32.22%	52.94%	684	1.18%	0
53	jwd录音笔	73	131	0.07%	50	64.81%	37.50%	1,210	2.08%	0
54	录音笔 8g	69	187	0.10%	123	57.78%	64.90%	5,251	1.92%	2.07
55	微型高清远距录音笔	64	172	0.09%	101	38.74%	58.12%	945	1.57%	1.37
56	索尼录音笔 ICD-PX333M	62	121	0.06%	79	26.74%	64.66%	167	2.26%	0
57	zoom 录音笔	61	125	0.06%	66	8.45%	51.82%	253	0.00%	0.58
58	飞利浦录音笔5000	60	94	0.05%	78	48.24%	82.52%	868	6.80%	3.04
59	录音笔 声控	58	87	0.04%	265	6.06%	312.63%	2,350	4.21%	1.72
60	录音笔 专业 高清	57	173	0.09%	126	97.84%	72.40%	8,825	1.56%	3.84
61	录音笔 正品	57	121	0.06%	60	63.08%	48.87%	13,049	1.50%	1.94
62	索爱录音笔	56	109	0.06%	83	68.89%	75%	216	0.83%	0
65	最小录音笔	55	173	0.09%	399	2.66%	234.90%	202	6.25%	1.23
64	先科录音笔	55	105	0.05%	76	23.17%	71.30%	172	2.61%	2.92
63	录音笔 高清 降噪 索尼	55	102	0.05%	58	46.03%	56.25%	247	0.89%	0

图 5-48　录音笔词汇

序号	关键词	搜索人气	搜索指数	占比	点击指数	商城点击	点击率	当前宝贝	转化率	直通车
63	录音笔 高清 降噪 索尼	55	102	0.05%	58	46.03%	56.25%	247	0.89%	0
66	超长录音笔	54	97	0.05%	61	39.39%	62.26%	1,880	2.83%	0
67	录音笔怎么用	54	71	0.04%	20	42.86%	27.27%	4	1.30%	0
69	亨思特录音笔	53	143	0.07%	69	36%	47.47%	472	1.27%	0.3
68	录音笔x2	53	85	0.04%	120	0.76%	141.94%	102	0.00%	0
70	电池录音笔	52	92	0.05%	59	15.63%	63.37%	1,085	1.98%	2.3
71	飞利浦VTR7000录音笔	52	94	0.05%	64	27.54%	66.99%	506	1.94%	0
74	新科v18录音笔	51	97	0.05%	92	44.55%	95.28%	174	8.49%	2
73	录音笔麦克风	51	127	0.07%	116	17.32%	90.71%	1,243	1.43%	0
72	现代录音笔8G	51	103	0.05%	60	40%	57.52%	1,079	0.88%	2.74
76	爱国者录音笔R5511	50	101	0.05%	76	65.85%	73.87%	115	4.50%	0
77	电话录音笔	50	88	0.04%	86	48.94%	97.92%	1,491	4.17%	2.31
75	夏新录音笔	50	105	0.05%	113	66.13%	109.73%	1,070	2.65%	1.83
78	录音笔 mp3	50	146	0.07%	84	50.55%	56.52%	6,962	2.48%	3.08
80	新科x6录音笔	49	101	0.05%	118	63.08%	118.18%	133	13.64%	3.17
79	索尼录音笔 ICD-PX312M	49	93	0.05%	54	20.69%	56.86%	278	0.98%	1.48
81	清华同方8G录音笔	48	105	0.05%	103	41.59%	98.26%	772	13.91%	0
82	笔形录音笔	48	73	0.04%	37	58.97%	49.37%	34	1.27%	1.91
83	录音笔 u盘	47	135	0.07%	130	37.06%	95.97%	2,112	3.36%	1.93
88	alisten录音笔	46	102	0.05%	120	1.52%	117.86%	235	5.36%	1.36
86	飞利浦录音笔VTR8000	46	87	0.04%	50	55.56%	56.84%	470	4.21%	0
85	特价录音笔 微型 高清	46	85	0.04%	56	100%	64.52%	7,327	2.15%	0
87	录音笔 高清 降噪摄像	46	139	0.07%	97	54.72%	69.28%	743	0.65%	0
84	录音笔 dr 100	46	79	0.04%	63	27.94%	79.07%	91	0.00%	0
90	X20录音笔	44	70	0.04%	88	2.08%	126.32%	72	3.95%	0
89	视频录音笔	44	116	0.06%	66	35.21%	55.91%	187	0.00%	1.97
91	TASCAM 录音笔	42	102	0.05%	90	11.22%	87.50%	448	0.89%	0
92	视频 摄像录像 录音笔	41	57	0.03%	35	100%	60.66%	42	0.00%	0
93	高清摄像 录音笔	41	134	0.07%	58	31.75%	42.57%	1,217	0.00%	0.89
94	夏新A78 录音笔	40	95	0.05%	70	38.16%	73.08%	143	1.92%	1.72
95	视频录音笔 微型 高清	40	51	0.03%	36	100%	69.09%	63	1.82%	0
96	二手录音笔	40	103	0.05%	69	1.33%	66.37%	98	0.88%	0
99	清华同方TF-19录音笔	39	70	0.04%	109	43.33%	157.89%	183	7.89%	0
97	超长待机录音笔	39	87	0.04%	72	30.77%	82.11%	523	3.16%	2.72

图 5-48　录音笔词汇（续）

第二步，把上面的词汇根据转化率的高低进行排序，如图 5-49 所示。

序号	关键词	搜索人气	搜索指数	占比	点击指数	商城点击	点击率	当前宝贝	转化率	直通车
81	清华同方8G录音笔	48	105	0.05%	103	41.59%	98.26%	772	13.91%	0
80	新科x6录音笔	49	101	0.05%	118	63.08%	118.18%	133	13.64%	3.17
74	新科v18录音笔	51	97	0.05%	92	44.55%	95.28%	174	8.49%	2
99	清华同方TF-19录音笔	39	70	0.04%	109	43.33%	157.89%	183	7.89%	0
58	飞利浦录音笔5000	60	94	0.05%	78	48.24%	82.52%	868	6.80%	3.04
65	最小录音笔	55	173	0.09%	399	2.66%	234.90%	202	6.25%	1.23
35	炳捷录音笔	123	194	0.10%	205	41.67%	105.56%	303	6.02%	1.31
22	录音笔X60	286	325	0.17%	343	0.00%	105.46%	15	5.74%	0
23	录音笔 微型	263	481	0.25%	376	29.25%	77.66%	7,844	5.49%	2.48
88	alisten录音笔	46	102	0.05%	120	1.52%	117.86%	235	5.36%	1.36
45	飞利浦录音笔VTR5000	97	219	0.11%	155	51.46%	70.08%	602	5.33%	0.9
100	录音笔 降噪	38	95	0.05%	236	28.41%	253.85%	9,965	4.81%	2.46
17	新科录音笔	363	729	0.39%	454	72.57%	61.63%	998	4.68%	1.85
76	爱国者录音笔R5511	50	101	0.05%	76	65.85%	73.87%	115	4.50%	0
59	录音笔 声控	58	87	0.04%	265	6.06%	312.63%	2,350	4.21%	1.72
86	飞利浦录音笔VTR8000	46	87	0.04%	50	55.56%	56.84%	470	4.21%	0
77	电话录音笔	50	88	0.04%	86	48.94%	97.92%	1,491	4.17%	2.31
90	X20录音笔	44	70	0.04%	88	2.08%	126.32%	72	3.95%	0
15	清华同方录音笔	387	889	0.47%	747	48.07%	83.74%	2,007	3.92%	1.23
38	录音笔 远距离	113	288	0.15%	183	54.19%	62.85%	8,581	3.72%	2.9
8	录音笔 微型 高清	760	1,860	1.01%	1,478	96.45%	79.11%	7,327	3.41%	2.4
83	录音笔 u盘	47	135	0.07%	130	37.06%	95.97%	2,112	3.36%	1.93
14	录音笔 包邮	398	946	0.51%	768	42.05%	80.88%	32,307	3.22%	2.12
97	超长待机录音笔	39	87	0.04%	72	30.77%	82.11%	523	3.16%	2.72
2	录音笔 高清 远距	6,768	17,335	9.83%	12,364	51.15%	70.83%	1,445	3.10%	2.84
3	录音笔 微型 专业	3,494	8,472	4.73%	5,978	47.01%	70.06%	6,094	2.93%	2.53
40	录音笔 高清 远距 降噪	106	279	0.15%	179	56.78%	63.58%	978	2.88%	2.16
34	紫光录音笔	125	284	0.15%	201	42.41%	70.44%	450	2.83%	0.63
66	超长录音笔	54	97	0.05%	61	39.39%	62.26%	1,880	2.83%	0
75	夏新录音笔	50	103	0.05%	113	66.13%	109.73%	1,070	2.65%	1.83
12	录音笔 高清 远距 声控	448	988	0.53%	688	31.30%	69.13%	297	2.64%	2.68
20	录音笔 高清 降噪 外放	316	671	0.36%	533	37.95%	79.11%	483	2.61%	2.43
64	先科录音笔	55	105	0.05%	76	23.17%	71.30%	172	2.61%	2.92

图 5-49　录音笔热词转化率排行

第三步，观察图 5-49 可以发现，还有品牌的关键词转化率排得非常高，不过这些带有品牌的词汇对我们没有价值，原因是它们含有品牌词汇，和我们的产品属性不匹配，而且消费者直接搜这个词的可能性也非常小。去掉这些含有品牌词汇以及跟我们的产品属性不匹配的关键词，同时去掉转化率低于 0.5% 的词汇（注意：每个类评价转化率不一样，要具体情况具体分析），得到的结果如图 5-50 所示。

序号	关键词	搜索人气	搜索指数	占比	点击指数	商城点击	点击率	当前宝贝	转化率	直通车
65	最小录音笔	55	173	0.09%	399	2.66%	234.90%	202	6.25%	1.23
23	录音笔 微型	263	481	0.25%	376	29.25%	77.66%	7,844	5.49%	2.48
100	录音笔 降噪	38	95	0.05%	236	28.41%	253.85%	9,965	4.81%	2.46
59	录音笔 声控	58	87	0.04%	265	6.06%	312.63%	2,350	4.21%	1.72
77	电话录音笔	50	88	0.04%	86	48.94%	97.92%	1,491	4.17%	2.31
38	录音笔 远距离	113	288	0.15%	183	54.19%	62.86%	8,581	3.72%	2.9
8	录音笔 微型 高清	760	1,860	1.01%	1,478	96.45%	79.11%	7,327	3.41%	2.4
83	录音笔 u盘	47	135	0.07%	130	37.06%	95.97%	2,112	3.36%	1.93
14	录音笔 包邮	398	946	0.51%	768	42.05%	80.88%	32,307	3.22%	2.12
97	超长待机录音笔	39	87	0.04%	72	30.77%	82.11%	523	3.16%	2.72
2	录音笔 微型 高清 远距	6,768	17,335	9.83%	12,364	51.15%	70.83%	1,445	3.10%	2.84
3	录音笔 微型 专业	3,494	8,472	4.73%	5,978	47.01%	70.06%	6,094	2.93%	2.53
40	录音笔 高清 远距 降噪	106	279	0.15%	179	56.78%	63.58%	978	2.88%	2.16
66	超长录音笔	54	97	0.05%	96	39.39%	62.26%	1,880	2.83%	0
12	录音笔 高清 远距 声控	448	988	0.53%	688	31.30%	69.13%	297	2.64%	2.68
20	录音笔 高清 降噪 外放	316	671	0.36%	533	37.95%	79.11%	483	2.61%	2.43
24	京华录音笔	262	511	0.27%	348	84.44%	67.59%	1,210	2.59%	3.2
33	录音笔 高清	128	420	0.22%	670	17.52%	161.05%	13,367	2.53%	3.01
78	录音笔 mp3	50	146	0.07%	84	50.55%	56.52%	6,962	2.48%	3.08
6	录音笔 高清 降噪	1,741	4,607	2.54%	3,134	54.76%	67.49%	7,753	2.43%	3.18
26	录音笔 专业 超长	229	520	0.27%	379	100%	72.42%	989	2.37%	0
1	录音笔	27,483	93,158	54.66%	55,406	49.59%	58.85%	32,306	2.29%	3.4
85	特价录音笔 微型 高清	46	85	0.04%	56	100%	64.52%	7,327	2.15%	0
30	录音笔 特价	154	380	0.20%	277	94.19%	72.26%	32,307	2.10%	0
98	微型智能录音笔 降噪 包邮	39	90	0.05%	38	2.50%	40.82%	441	2.04%	0
70	电池录音笔	52	92	0.05%	59	15.63%	63.37%	1,085	1.98%	2.3
54	录音笔 8g	69	187	0.10%	123	57.78%	64.90%	5,251	1.92%	2.07
7	录音笔 高清 超远距离	1,240	3,376	1.85%	2,140	42.51%	62.81%	1,158	1.91%	2.09
4	摄像录音笔	2,154	5,254	2.91%	3,681	46.15%	69.56%	1,676	1.85%	1.11
95	视频录音笔 微型 高清	40	51	0.03%	36	100%	69.09%	63	1.82%	0
51	隐形录音笔	81	105	0.05%	75	14.81%	70.43%	9	1.74%	1.24
21	现代录音笔	298	833	0.44%	523	45.12%	62.20%	2,740	1.68%	1.86

图 5-50　热词转化率排行

同时，结合上面进行标题安排，我们以图 5-51 这款录音笔宝贝为例。

图 5-51　调整前的标题

有了上面的数据魔方数据，再结合如图 5-52 所示的量子恒道中的淘宝搜索关键词，调整后的标题如图 5-53 所示。

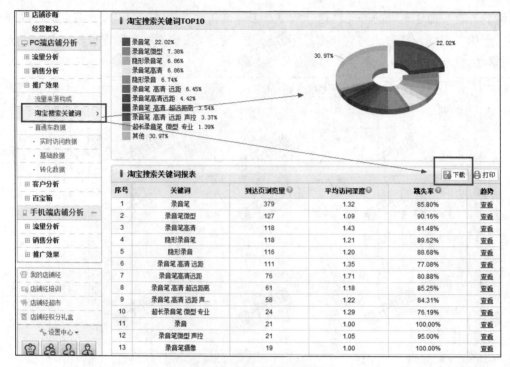

图 5-52　量子恒道关键词

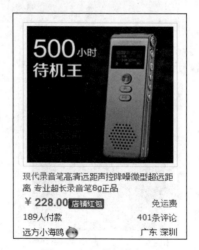

图 5-53　调整后的标题

　　注意：宝贝标题有很大流量时，切记不要随意修改标题。我们在测试的时候发现，修改后宝贝每个词汇的排名大大降低。我们推测，淘宝搜索引擎"蜘蛛"在抓取的时候，标题什么词汇在什么位置，应该对每个词汇有累积效应，一旦修改了，就会导致流量下降，即使再恢复成之前的标题，流量也不会恢复。此外，标题不要频繁修改，一般要 7 天以上才可修改。

二、上下架时间的安排

通过图 5-54 中数据魔方数据的比较，可以看到这段时间的流量高峰期大概是在 20:00~21:00。

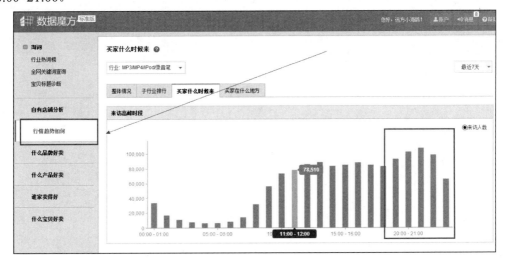

图 5-54　来访时段数据

通过图 5-55 可以清晰地看到流量高峰期对应的日期，这就为我们进行调整指明了方向。运营的方式和上面一样，可以在宝贝相关推荐引入，使店铺形成"点接点"，即一款爆款连接另一款爆款，做到这点以后，就可以让整个店铺更加稳定。

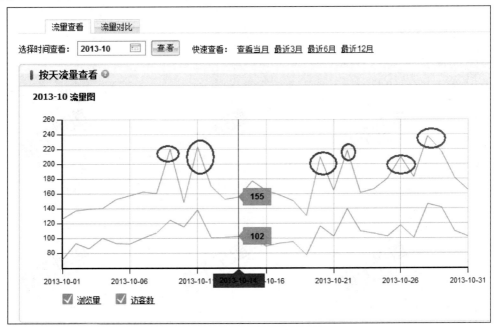

图 5-55　量子统计流量图

后记

在新店铺的运营初期，对产品类目的调查准备和选款工作非常重要，前期的准备工作是相对较多的，只有做好了前期准备，选对了款，才能让店铺起步水到渠成；并且，突破爆款后，一款接一款的方法能让店铺更加稳定，做到全面突破。

第三篇 基于 BAG 职业行动能力教育

本篇设置三个项目，分别是新店数据分析、成长型店铺数据分析和成熟型店铺数据分析。项目难度从易到难，所用工具从简单到复杂。前面项目是后面项目的基础，后面项目是前面项目的升级。每一个项目中设置的教学情境均来自于企业真实的工作任务，是电子商务网店从业者和创业者必备的技能。

项目六

新店数据分析

本项目包含四个学习任务：简单行业竞争数据分析、简单网店选款数据分析、顾客人群简单数据分析、标题关键词简单数据分析。

渲装硕邵唐奔喷睿案滕钝浦肴觊

表 6-1　简单行业竞争数据分析学习情境

任务一：简单行业竞争数据分析		学时：6	
学习目标	学生对新开网店所属行业进行简单的行业分析。按照相应任务要求，简单分析网店所属行业的竞争情况及新开网店的进入门槛		
学习型工作任务	1．分析行业或子行业的市场趋势 2．搜索宝贝数量 3．搜索宝贝人气排行前三页的最低成交数 4．分析行业或子行业的竞争情况		
教学知识与能力要求	1．详细讲解淘宝网自然搜索的原理和运用 2．详细讲解宝贝人气排行的功能和意义 3．详细讲解市场趋势报表 4．介绍淘宝指数 5．具有较强的网店启动的能力 6．具有较强的教学组织能力和实训管理能力		
学生知识与能力准备	1．了解淘宝搜索的原理 2．熟悉淘宝网自然搜索和类目搜索的操作 3．熟悉利用淘宝指数得到行业趋势报表 4．具备淘宝网店启动的能力		
教学材料	1．教材《网店数据分析》 2．淘宝新店 3．考核与评价表		
使用工具	淘宝搜索、淘宝指数		
步骤	**工作过程**	**教学方法建议**	**学时**
1．资讯	教师讲解淘宝搜索原理和运用，讲解人气排行、宝贝搜索排名、淘宝指数及网店所属行业或子行业	讲授法 案例法 引导法	2
2．计划	对新开的淘宝网店进行简单的行业数据分析，用以判断该网店进入该行业的难易程度	讲授法 小组讨论法 自主探究法	1
3．决策	学生通过分析行业趋势报表、宝贝数量及人气排行前三页最低成交数，来简单判断网店进入该行业的难易程度	小组讨论法	1

续表

步骤	工作过程	教学方法建议	学时
4. 实施	1. 通过淘宝指数搜索行业市场趋势数据报表得到搜索和成交趋势数据简报。通过该数据报表，分析该行业一段时间的搜索和成交数据，判断行业的发展趋势 2. 通过淘宝搜索得到宝贝数量，初步判断行业内相关产品的饱和度 3. 通过淘宝人气排行得到前三页排行宝贝的最低成交数。通过对最低成交数的分析，判断宝贝竞争的难易程度	多媒体演示法 小组协作法	1
5. 检查	1. 行业市场趋势报表 2. 宝贝数量数据 3. 宝贝人气排行前三页的最低成交数		
6. 评估	1. 小组自评：小组成员对本小组开展本次任务的结果和过程给予评价 2. 小组互评：各小组对其他小组的汇报情况进行评价 3. 教师评价：教师根据每一个小组的情况，指出每个小组的优点和缺点 4. 企业点评：企业专家根据市场的需求，以市场人才培养的视角进行点评，并提出改进的意见	多媒体演示法 小组讨论法	1

【任务描述】

简单行业竞争数据分析是网店数据分析中最简单的任务之一，所需的工具和内容相对较少，通过简单行业数据分析，学习新开网店的行业情况。

具体任务描述如下：

对于新开网店，首先要掌握简单的行业数据，根据网店商品的情况，通过淘宝搜索、淘宝指数，分析出网店所属行业的竞争情况及新开网店的进入门槛。

【任务要求】

1. 收集新开网店商品的资料，确定所属行业
2. 通过淘宝搜索、淘宝指数分析行业数据
3. 讨论行业市场趋势报表数据，确定该行业的进入门槛
4. 讨论宝贝数量及人气排行前三页最低成交数，判断网店进入该行业的难易程度
5. 小组自评及互评，写出小组结论
6. 接受指导老师与企业专家的评价

【学习目标】

1. 能够快速收集信息资料
2. 能够掌握简单行业分析的一般方法、工具的使用
3. 能够通过数据报表进行趋势判断
4. 学会团队合作的工作方法
5. 训练吃苦耐劳、严谨细致的职业素质

任务一 简单行业竞争数据分析

【资讯—获取信息】

【制订计划并作出决策】

【**实施计划**】

_____

_____

_____

_____

_____

_____

_____

_____

_____

_____

【**学习任务检查与评价**】

表 6-2　任务一 考核与评价表

序号	指标 / 标准	注释	教师评分	小组互评	考核结果
工具使用					
1	能否熟练使用数据分析工具				
2	运用工具是否合理				
3	能否得出正确的数据报表				
报表数据分析					
1	能否准确分析报表数据				
2	报表分析得出的结论是否准确				
合理性					
1	数据分析结果的运用情况				
2	使用六步法完成学习任务的系统性和完整性				

任务二　简单网店选款数据分析

表 6-3　简单网店选款数据分析学习情境

任务二：简单网店选款数据分析			学时：6	
学习目标	学生能对新开网店内宝贝确定 1~2 款作为主推产品，为网店运营吸引流量带动店铺的流量和成交做准备。能够按照相应任务要求，利用借鉴行业内热销宝贝的需求数据、属性及好评数据来分析确定主推宝贝			
学习型工作任务	1. 分析行业内热销宝贝的需求数据 2. 分析行业内热销宝贝的属性数据 3. 分析行业内热销宝贝的好评率数据			
教学知识与能力要求	1. 熟悉需求数据、属性和好评率的数据分析 2. 能够给学生提供不同属性和卖点的网络商品分析 3. 具有较强的教学组织能力和实训管理能力 4. 有良好的职业教育理念和丰富的高职教学一线经验			
学生知识与能力准备	1. 熟悉淘宝搜索和淘宝指数 2. 具备淘宝搜索热销宝贝需求数据、属性和好评率的能力			
教学材料	1. 教材《网店数据分析》 2. 淘宝新店 3. 考核与评价表			
使用工具	淘宝搜索、淘宝指数			
步骤	工作过程		教学方法建议	学时
1. 资讯	要确定 1~2 款宝贝作为网店的主推产品，应至少满足两个方面的条件，一是该宝贝在网上有某方面独特卖点和对应的需求量；二是宝贝产品质量好和售后方面较少		讲授法 案例法 引导法	2
2. 计划	确定网店内 1~2 款产品作为主推产品		小组讨论法 自主探究法	1
3. 决策	学生通过借鉴行业内热卖宝贝来分析宝贝的独特卖点，查看热卖宝贝的需求报表、属性和评价来讨论确定网店内的主推产品		小组讨论法 多媒体演示法	1
4. 实施	1. 教师讲授并演示行业内热销宝贝的销量排行、属性和评价的查看 2. 学生分小组讨论确定网店内 1~2 款主推产品		多媒体演示法 小组协作法	1

续表

步骤	工作过程	教学方法建议	学时
5. 检查	1. 学生汇报本次任务的计划和实施过程，回答指导老师、企业专家和其他小组的提问，将本任务的亮点给予展示 2. 教师、企业专家和学生评委对小组进行点评		
6. 评估	1. 小组自评：小组成员对本小组开展本次任务的结果和过程给予评价 2. 小组互评：各小组对其他小组的汇报情况进行评价 3. 教师评价：教师根据每一个小组的情况，指出每个小组的优点和缺点 4. 企业点评：企业专家根据市场的需求，以市场人才培养的视角进行点评，并提出改进的意见	多媒体演示法 小组讨论法	1

【任务描述】

简单网店选款数据分析是新开网店数据分析中必须完成的任务之一，所需的工具和内容相对较少，通过网店选品确定网店的主推产品，是网店打造爆款的基础。

具体任务描述如下：

分析新开网店，根据网店的商品情况，借鉴行业内热卖宝贝来分析宝贝的独特卖点，查看热卖宝贝的需求报表、属性和评价来讨论确定网店内的主推产品，为网店推出爆款打好基础。

【任务要求】

1. 收集行业内热卖宝贝的资料，分析宝贝特点
2. 通过淘宝搜索、淘宝指数找出热卖宝贝的需求报表、属性和评价特征
3. 讨论分析新开网店宝贝的特征，确定主推的宝贝
4. 小组自评及互评，写出小组结论
5. 接受指导老师与企业专家的评价

【学习目标】

1. 能够快速收集信息资料
2. 能够掌握报表的查看方法
3. 能够通过数据报表进行趋势判断
4. 学会团队合作的工作方法
5. 训练吃苦耐劳、严谨细致的职业素质

任务二　简单网店选款数据分析

【资讯—获取信息】

【制订计划并作出决策】

【实施计划】

_____

_____

_____

_____

_____

_____

_____

_____

_____

_____

【学习任务检查与评价】

表 6-4　任务二 考核与评价表

序号	指标 / 标准	注释	教师评分	小组互评	考核结果
工具使用					
1	能否熟练使用数据分析工具得出报表				
2	运用工具是否合理				
3	能否得出正确的数据报表				
报表数据分析					
1	能否准确分析报表数据				
2	主推宝贝的确定是否准确				
合理性					
1	数据分析结果的运用情况				
2	使用六步法完成学习任务的系统性和完整性				

任务三　顾客人群简单数据分析

表 6-5　顾客人群简单数据分析

任务三：顾客人群简单数据分析		学时：6	
学习目标	学生能对新开网店进行简单的顾客人群分析，以确定在产品样式、颜色等属性设计的时候考虑男女的比率情况、地域分配情况和买家等级及消费者层次分析，为营销部门提供顾客人群的报表信息		
学习型 工作任务	1．分析顾客性别报表 2．分析顾客地域报表 3．分析买家等级及消费者层次报表		
教学知识与 能力要求	1．熟悉查询顾客性别数据的方法 2．熟悉查询顾客地域报表的方法 3．熟悉查询买家等级及消费者层次报表的方法 4．具有较强的教学组织能力和实训管理能力 5．有良好的职业教育理念和丰富的高职教学一线经验		
学生知识与 能力准备	1．熟悉淘宝搜索和淘宝指数 2．具备淘宝网店简单行业分析能力		
教学材料	1．教材《网店数据分析》 2．淘宝新店 3．淘宝账号及密码 4．考核与评价表		
使用工具	淘宝搜索、淘宝指数		
步骤	工作过程	教学方法建议	学时
1．资讯	要对新开网店进行顾客分析，首先要用数据确定该行业特别是主推宝贝的顾客情况，为营销部门在产品样式的选择、促销投放等提供数据支撑	讲授法 案例法 引导法 小组讨论法	2
2．计划	1．各小组编制顾客性别报表、顾客地域分析报表和顾客买家等级及消费者层次报表，并编制主推宝贝的顾客基本情况分析报告 2．教师审核各小组的顾客基本情况报告，并给予对比和点评	讲授法 小组讨论法 自主探究法	1
3．决策	1．学生小组讨论编制主推宝贝的顾客基本情况分析报告 2．教师引导学生正确交流和合作	小组讨论法 多媒体演示法	1

续表

步骤	工作过程	教学方法建议	学时
4. 实施	1. 教师讲授并演示操作查询顾客性别、地域、层次等报表的作用和功能 2. 学生分小组完成典型工作任务的内容	多媒体演示法 小组协作法	1
5. 检查	1. 学生汇报本次任务的计划和实施过程，回答指导老师、企业专家和其他小组的提问，将本任务亮点给予展示 2. 教师、企业专家和学生评委对小组进行点评		
6. 评估	1. 小组自评：小组成员对本小组开展本次任务的结果和过程给予评价 2. 小组互评：各小组对其他小组的汇报情况进行评价 3. 教师评价：教师根据每一个小组的情况，指出每个小组的优点和缺点 4. 企业点评：企业专家根据市场的需求，以市场人才培养的视角进行点评，并提出改进的意见	多媒体演示法 小组讨论法	1

【任务描述】

顾客人群简单数据分析用数据确定该行业特别是主推宝贝的顾客情况，为营销部门在产品样式的选择、促销投放等提供数据支撑。

具体任务描述如下：

分析新开网店，对网店的主推宝贝编制顾客性别报表、顾客地域分析报表和顾客等级及消费者层次报表，并编制主推宝贝的顾客基本情况分析报告。

【任务要求】

1. 正确得出主推宝贝的顾客性别报表、顾客地域分析报表和顾客等级及消费者层次报表
2. 准确分析以上报表
3. 根据报表讨论分析主推宝贝的顾客情况
4. 小组自评及互评，写出小组结论
5. 接受指导老师与企业专家的评价

【学习目标】

1. 能够快速收集信息资料
2. 能够掌握报表的查看
3. 能够通过数据报表进行顾客分析
4. 学会团队合作的工作方法
5. 训练吃苦耐劳、严谨细致的职业素质

任务三 顾客人群简单数据分析

【资讯—获取信息】

【制订计划并作出决策】

【实施计划】

_____

_____

_____

_____

_____

_____

_____

_____

_____

_____

_____

【学习任务检查与评价】

表 6-6　任务三 考核与评价表

序号	指标／标准	注释	教师评分	小组互评	考核结果
	工具使用				
1	能否熟练使用数据分析工具得出报表				
2	运用工具是否合理				
3	能否得出正确的数据报表				
	报表数据分析				
1	能否准确分析报表数据				
2	顾客情况分析是否准确				
	合理性				
1	数据分析结果的运用情况				
2	使用六步法完成学习任务的系统性和完整性				

任务四　标题关键词简单数据分析

表 6-7　标题关键词简单数据分析

任务四：标题关键词简单数据分析		学时：6	
学习目标	学生能对新开网店的主推宝贝进行简单的关键词数据分析，找出行业内热销关键词，确定主推宝贝的关键词		
学习型工作任务	1．找出行业内热销关键词 2．确定网店主推宝贝关键词		
教学知识与 能力要求	1．能够分析行业内热销关键词 2．能够熟悉关键词的作用和功能 3．具有较强的教学组织能力和实训管理能力 4．有良好的职业教育理念和丰富的高职教学一线经验		
学生知识与 能力准备	1．熟悉宝贝关键词的作用和功能 2．熟悉宝贝标题的设置		
教学材料	1．教材《网店数据分析》 2．淘宝新店 3．淘宝账号及密码 4．考核与评价表		
使用工具	淘宝搜索、淘宝指数		
步骤	**工作过程**	**教学方法建议**	**学时**
1．资讯	要确定新开网店宝贝的标题，首先要确定关键词	讲授法 引导法	2
2．计划	1．各小组查询行业热销关键词排行，编制主推宝贝关键词 2．教师审核各小组编制的关键词，并给予对比和点评	讲授法 小组讨论法 自主探究法	1
3．决策	1．学生小组讨论确定主推宝贝关键词 2．教师引导学生正确交流和合作	小组讨论法 多媒体演示法	1
4．实施	1．教师讲授宝贝标题中关键词的作用与功能并演示查询行业热销关键词 2．学生分小组查询热销关键词，确定主推宝贝标题关键词	多媒体演示法 小组协作法	1

续表

步骤	工作过程	教学方法建议	学时
5．检查	1．学生汇报本次任务的计划和实施过程，回答指导老师、企业专家和其他小组的提问，将本任务的执行亮点给予展示 2．教师、企业专家和学生评委对小组进行点评		
6．评估	1．小组自评：小组成员对本小组开展本次任务的结果和过程给予评价 2．小组互评：各小组对其他小组的汇报情况进行评价 3．教师评价：教师根据每一个小组的情况，指出每个小组的优点和缺点 4．企业点评：企业专家根据市场的需求，以市场人才培养的视角进行点评，并提出改进的意见	多媒体演示法 小组讨论法	1

【任务描述】

标题关键词简单数据分析用数据确定行业热销关键词排行，编制主推宝贝关键词，通过关键词的设置，为宝贝带来更多流量。

具体任务描述如下：

根据主推宝贝的所属行业，分析行业内热销关键词排行，讨论确定主推宝贝的标题关键词。

【任务要求】

1．准确得出行业热销关键词排行表

2．根据主推宝贝情况讨论设置标题关键词

3．小组自评及互评，写出小组结论

4．接受指导老师与企业专家的评价

【学习目标】

1．掌握标题关键词的设置和作用

2．能够分析行业热销关键词

3．结合实际情况制定主推宝贝的标题关键词

4．学会团队合作的工作方法

5．训练吃苦耐劳、严谨细致的职业素质

任务四　标题关键词简单数据分析

【资讯—获取信息】

【制订计划并作出决策】

【实施计划】

_____

_____

_____

_____

_____

_____

_____

_____

_____

_____

_____

【学习任务检查与评价】

表 6-8　任务四 考核与评价表

序号	指标/标准	注释	教师评分	小组互评	考核结果
工具使用					
1	能否熟练使用数据分析工具得出报表				
2	运用工具是否合理				
3	能否得出正确的数据报表				
报表数据分析					
1	能否准确分析报表数据				
2	制定标题关键词是否准确				
合理性					
1	数据分析结果的运用情况				
2	使用六步法完成学习任务的系统性和完整性				

项目七

成长型店铺数据分析

本项目包含四个学习任务：宝贝标题数据分析、上下架时间数据分析、收藏量与评价数据分析与发现爆款宝贝。

任务一　宝贝标题数据分析

表 7-1　宝贝标题数据分析学习情境

任务一：宝贝标题数据分析		学时：6	
学习目标	能用淘宝指数和淘词等工具确定关键词，能够针对宝贝进行标题优化		
学习型工作任务	1．确定关键词 2．优化标题		
教学知识与能力要求	1．熟悉关键词分析 2．能够熟练讲解标题优化 3．具有较强的教学组织能力和实训管理能力 4．有良好的职业教育理念和丰富的高职教学一线经验		
学生知识与能力准备	1．熟悉关键词的作用和标题的设置 2．熟悉标题优化		
教学材料	1．教材《网店数据分析》 2．淘宝店铺 3．量子恒道统计 4．考核与评价表		
使用工具	淘宝搜索、淘宝指数、量子恒道、数据魔方		
步骤	**工作过程**	**教学方法建议**	**学时**
1．资讯	1．教师详细描述工作目标、任务要求，讲解本任务的主要流程和注意事项 2．小组确定成员分工，并讨论分析工作任务进行分解，熟知相关任务准备知识	讲授法 案例法 引导法	2
2．计划	1．各小组制订工作计划，编制任务完成流程和主要方案 2．教师审核各小组的工作计划，并给予对比和点评	讲授法 小组讨论法 自主探究法	1
3．决策	1．学生小组讨论确定最优方案 2．教师引导学生正确交流和合作	小组讨论法 多媒体演示法	1
4．实施	1．教师讲授并演示查找关键词和标题优化 2．学生分小组按照制订的工作计划开始具体实施执行	多媒体演示法 小组协作法	1

续表

步骤	工作过程	教学方法建议	学时
5. 检查	1. 学生汇报本次任务的计划和实施过程，回答指导老师、企业专家和其他小组的提问，将本任务的执行亮点给予展示 2. 教师、企业专家和学生评委对小组进行点评		1
6. 评估	1. 小组自评：小组成员对本小组开展本次任务的结果和过程给予评价 2. 小组互评：各小组对其他小组的汇报情况进行评价 3. 教师评价：教师根据每一个小组的情况，指出每个小组的优点和缺点 4. 企业点评：企业专家根据市场的需求，以市场人才培养的视角进行点评，并提出改进的意见	多媒体演示法 小组讨论法	

【任务描述】

宝贝标题数据分析根据不同的工具比较分析行业内热销关键词，并针对简单设置的标题进行优化。

具体任务描述如下：

根据主推宝贝的所属行业，分析行业内热销关键词排行，讨论确定主推宝贝的标题关键词。

【任务要求】

1. 掌握标题关键词淘宝指数和淘词不同工具的配合使用
2. 根据得出的关键词进行标题优化
3. 小组自评及互评，写出小组结论
4. 接受指导老师与企业专家的评价

【学习目标】

1. 掌握标题关键词的设置和作用
2. 能用淘宝指数和淘词等工具确定关键词
3. 能针对宝贝进行标题优化
4. 学会团队合作的工作方法
5. 训练吃苦耐劳、严谨细致的职业素质

任务一　宝贝标题数据分析

【资讯—获取信息】

_____

_____

_____

_____

_____

_____

_____

_____

_____

【制订计划并作出决策】

_____

_____

_____

_____

_____

_____

_____

_____

_____

【实施计划】

_____

_____

_____

_____

_____

_____

_____

_____

_____

_____

【学习任务检查与评价】

表 7-2　任务一 考核与评价表

序号	指标 / 标准	注释	教师评分	小组互评	考核结果
工具使用					
1	能否熟练使用数据分析工具得出报表				
2	运用工具是否合理				
3	能否得出正确的数据报表				
报表数据分析					
1	能否准确分析报表数据				
2	对标题优化是否准确				
合理性					
1	数据分析结果的运用情况				
2	使用六步法完成学习任务的系统性和完整性				

任务二　上下架时间数据分析

表 7-3　上下架时间数据分析

任务二：上下架时间数据分析		学时：6	
学习目标	1. 学生通过流量查看和流量对比，能找出自己店铺高峰期流量的数据，安排最优的上下架时间 2. 根据店铺高峰期情况，安排其他付费推广如直通车的时段投放		
学习型工作任务	1. 找出网店流量的高峰期 2. 安排最优上下架时间 3. 确定付费推广的时段投放		
教学知识与能力要求	1. 能够熟练讲解量子恒道流量分析的基本操作 2. 能够熟练讲解淘宝上下架对宝贝排名的影响 3. 具有较强的教学组织能力和实训管理能力 4. 有良好的职业教育理念和丰富的高职教学一线经验		
学生知识与能力准备	1. 熟悉宝贝上下架操作 2. 熟悉量子恒道的登录和查看 3. 熟悉直通车等付费推广操作		
教学材料	1. 教材《网店数据分析》 2. 淘宝店铺 3. 量子恒道统计 4. 考核与评价表		
使用工具	淘宝搜索、淘宝指数、量子恒道		
步骤	工作过程	教学方法建议	学时
1. 资讯	1. 教师描述工作目标、任务要求，讲解本任务的主要数据报表和注意事项 2. 小组确定成员分工，讨论分析工作任务进行分解，熟知相关任务准备知识	讲授法 案例法 引导法	2
2. 计划	1. 各小组制定工作计划，编制任务完成流程和主要方案 2. 教师审核各小组的工作计划，并给予对比和点评	讲授法 小组讨论法 自主探究法	1
3. 决策	1. 学生小组讨论确定最优方案 2. 教师引导学生正确交流和合作	小组讨论法 多媒体演示法	1
4. 实施	1. 教师讲授并演示量子恒道的报表查看和注意事项，分析流量高峰和上下架安排 2. 学生分小组按照制定的工作计划开始具体实施执行	多媒体演示法 小组协作法	1

步骤	工作过程	教学方法建议	学时
5．检查	1．学生汇报本次任务的计划和实施过程，并通过上下架时间调整后宝贝排行的上升情况回答指导老师、企业专家和其他小组的提问，将本任务的执行亮点给予展示 2．教师、企业专家和学生评委对小组进行点评		
6．评估	1．小组自评：小组成员对本小组开展本次任务的结果和过程给予评价 2．小组互评：各小组对其他小组的汇报情况进行评价 3．教师评价：教师根据每一个小组的情况，指出每个小组的优点和缺点 4．企业点评：企业专家根据市场的需求，以市场人才培养的视角进行点评，并提出改进的意见	多媒体演示法 小组讨论法	1

【任务描述】

上下架时间数据分析根据量子恒道的报表查看流量报表，分析流量高峰和上下架安排。

具体任务描述如下：

根据网店流量相关报表，合理安排宝贝上下架时间，并制订网店宝贝上下架安排计划。

【任务要求】

1.准确分析网店流量高峰

2.分析流量高峰和上下架安排的关系

3.制定合理的上下架时间安排

4.小组自评及互评，写出小组结论

5.接受指导老师与企业专家的评价

【学习目标】

1．掌握流量查看的方法

2．掌握宝贝的上下架安排

3、制订宝贝的上下架计划

4．学会团队合作的工作方法

5．训练吃苦耐劳、严谨细致的职业素质

任务二　上下架时间数据分析

【资讯—获取信息】

_____

_____

_____

_____

_____

_____

_____

_____

【制订计划并作出决策】

_____

_____

_____

_____

_____

_____

_____

【实施计划】

_____

_____

_____

_____

_____

_____

_____

_____

_____

_____

_____

【学习任务检查与评价】

表 7-4　任务二 考核与评价表

序号	指标/标准	注释	教师评分	小组互评	考核结果
工具使用					
1	能否熟练使用数据分析工具得出报表				
2	运用工具是否合理				
3	能否得出正确的数据报表				
报表数据分析					
1	能否准确分析报表数据				
2	制订的上下架计划是否准确				
合理性					
1	数据分析结果的运用情况				
2	使用六步法完成学习任务的系统性和完整性				

任务三　收藏量与评价数据分析

表 7-5　收藏量、评价数据分析学习情境

任务三：收藏量、评价数据分析		学时：6	
学习目标	学生通过查看收藏量、评价等数据，能统计出收藏率，跟踪收藏率、点击率、转化率和评价等指标，对宝贝进行优化		
学习型工作任务	1. 统计收藏率 2. 统计好评、差评等数据 3. 统计宝贝的点击率 4. 统计转化率		
教学知识与能力要求	1. 能够运用量子恒道统计各项指标 2. 能够熟练讲解和分析这些指标的意义 3. 具有较强的教学组织能力和实训管理能力 4. 有良好的职业教育理念和丰富的高职教学一线经验		
学生知识与能力准备	1. 熟悉量子恒道 2. 熟悉宝贝的优化		
教学材料	1. 教材《网店数据分析》 2. 淘宝店铺 3. 量子恒道统计 4. 考核与评价表		
使用工具	淘宝搜索、淘宝指数、量子恒道		
步骤	工作过程	教学方法建议	学时
1. 资讯	1. 教师详细描述工作目标、任务要求，讲解本任务的主要流程和注意事项 2. 小组确定成员分工，并讨论分析工作任务进行分解，熟知相关任务的准备知识	讲授法 案例法 引导法	2
2. 计划	1. 各小组制订宝贝优化工作计划，编制任务完成流程和主要方案 2. 教师审核各小组的工作计划，并给予对比和点评	讲授法 小组讨论法 自主探究法	1
3. 决策	1. 学生小组讨论确定最优方案 2. 教师引导学生正确交流和合作	小组讨论法 多媒体演示法	1
4. 实施	1. 教师讲授并演示工作任务的主要流程和注意事项，展示每个阶段的成果 2. 学生分小组按照制订的工作计划开始具体实施执行	多媒体演示法 小组协作法	1

续表

步骤	工作过程	教学方法建议	学时
5. 检查	1. 学生汇报本次任务的计划和实施过程，以及通过数据统计对优化效果的判断，回答指导老师、企业专家和其他小组的提问，将本任务的执行亮点给予展示 2. 教师、企业专家和学生评委对小组进行点评		1
6. 评估	1. 小组自评：小组成员对本小组开展本次任务的结果和过程给予评价 2. 小组互评：各小组对其他小组的汇报情况进行评价 3. 教师评价：教师根据每一个小组的情况，指出每个小组的优点和缺点 4. 企业点评：企业专家根据市场的需求，以市场人才培养的视角进行点评，并提出改进的意见	多媒体演示法 小组讨论法	

【任务描述】

收藏量、评价数据分析根据量子恒道的统计收藏量报表，统计好评、差评等数据以及统计宝贝的点击率和转化率等报表数据，对宝贝进行优化。

【任务要求】

1. 准确分析收藏量、评价等数据
2. 根据数据确定宝贝的优化计划
3. 小组自评及互评，写出小组结论
4. 接受指导老师与企业专家的评价

【学习目标】

1. 掌握收藏量、评价等数据报表查看的方法
2. 分析数据制定宝贝优化方案
3. 学会团队合作的工作方法
4. 训练吃苦耐劳、严谨细致的职业素质

任务三　收藏量与评价数据分析

【资讯—获取信息】

【制订计划并作出决策】

【实施计划】

_____

_____

_____

_____

_____

_____

_____

_____

_____

_____

_____

【学习任务检查与评价】

表 7-6　任务三 考核与评价表

序号	指标 / 标准	注释	教师评分	小组互评	考核结果
工具使用					
1	能否熟练使用数据分析工具得出报表				
2	运用工具是否合理				
3	能否得出正确的数据报表				
报表数据分析					
1	能否准确分析报表数据				
2	制定的宝贝优化是否准确				
合理性					
1	数据分析结果的运用情况				
2	使用六步法完成学习任务的系统性和完整性				

渲装馮邹泠逾串羔虫佛

表 7-7　发现爆款宝贝

任务四：发现爆款宝贝		学时：6	
学习目标	通过使用量子恒道等工具的统计数据，发现爆款宝贝，提供爆款宝贝给运营部门做爆款		
学习型工作任务	1. 看宝贝的被访情况，挑出关注度高的宝贝 2. 比较爆款候选宝贝跳失率 3. 查看宝贝销售情况 4. 查看候选宝贝的收藏量、支付宝成交件数、宝贝成交转化率以及客单价等数据，打造爆款宝贝		
教学知识与能力要求	1. 熟悉量子恒道各种指标的运用 2. 能够熟练讲解爆款宝贝的各项数据指标 3. 具有较强的教学组织能力和实训管理能力 4. 有良好的职业教育理念和丰富的高职教学一线经验		
学生知识与能力准备	1. 熟悉主推宝贝的确定方法 2. 熟悉淘宝宝贝详情页的主要内容和优化 3. 掌握促销推广手段，如直通车等手段的运用		
教学材料	1. 教材《网店数据分析》 2. 淘宝店铺 3. 量子恒道统计 4. 考核与评价表		
使用工具	淘宝搜索、淘宝指数、量子恒道		

步骤	工作过程	教学方法建议	学时
1. 资讯	1. 教师详细描述工作目标、任务要求，讲解本任务的主要流程和注意事项 2. 小组确定成员分工，讨论分析工作任务进行分解，熟知相关任务的准备知识	讲授法 案例法 引导法	2
2. 计划	1. 各小组制订工作计划，编制任务完成流程和主要方案 2. 教师审核各小组的工作计划，并给予对比和点评	讲授法 小组讨论法 自主探究法	1
3. 决策	1. 学生小组讨论确定最优方案 2. 教师引导学生正确交流和合作	小组讨论法 多媒体演示法	1
4. 实施	1. 教师讲授并演示发现爆款宝贝的各种数据分析和注意事项 2. 学生分小组按照制订的工作计划开始具体实施执行	多媒体演示法 小组协作法	1

步骤	工作过程	教学方法建议	学时
5. 检查	1. 学生汇报本次任务的计划和实施过程，回答指导老师、企业专家和其他小组的提问，将本任务的执行亮点给予展示 2. 教师、企业专家和学生评委对小组进行点评		
6. 评估	1. 小组自评：小组成员对本小组开展本次任务的结果和过程给予评价 2. 小组互评：各小组对其他小组的汇报情况进行评价 3. 教师评价：教师根据每一个小组的情况，指出每个小组的优点和缺点 4. 企业点评：企业专家根据市场的需求，以市场人才培养的视角进行点评，并提出改进的意见	多媒体演示法 小组讨论法	1

【任务描述】

通过使用量子恒道等工具的统计数据，发现和确定爆款宝贝。

具体任务描述如下：

根据查看宝贝的被访情况，挑出关注度高的宝贝，比较爆款候选宝贝跳失率，查看宝贝销售情况以及查看候选宝贝收藏量、支付宝成交件数、宝贝成交转化率、客单价等数据，发现和确定爆款宝贝。

【任务要求】

1. 准确得出具体任务描述的各种数据报表

2. 根据数据发现和确定爆款宝贝

3. 小组自评及互评，写出小组结论

4. 接受指导老师与企业专家的评价

【学习目标】

1. 掌握爆款宝贝各种数据分析的方法

2. 分析数据确定爆款宝贝

3. 学会团队合作的工作方法

4. 训练吃苦耐劳、严谨细致的职业素质

任务四　发现爆款宝贝

【资讯—获取信息】

【制订计划并作出决策】

【实施计划】

_____

_____

_____

_____

_____

_____

_____

_____

_____

_____

_____

_____

_____

【学习任务检查与评价】

表 7-8　任务四 考核与评价表

序号	指标 / 标准	注释	教师评分	小组互评	考核结果
工具使用					
1	能否熟练使用数据分析工具得出报表				
2	运用工具是否合理				
3	能否得出正确的数据报表				
报表数据分析					
1	能否准确分析报表数据				
2	制定的爆款计划是否准确				
合理性					
1	数据分析结果的运用情况				
2	使用六步法完成学习任务的系统性和完整性				

项目八

成熟型店铺数据分析

本项目包含四个学习任务：行业整体详细分析、同行对比分析、品牌建设分析、顾客精细分析。

任务一　行业整体详细分析

表 8-1　行业整体详细分析

任务一：行业整体详细分析		学时：6	
学习目标	店铺发展起来了，要更多的关注行业的市场关注规模和历史走势。行业详细分析要了解行业整体情况、子行业排行、热销店铺排行、飙升宝贝排行等		
学习型工作任务	1．分析行业的市场关注规模和历史走势 2．分析行业细分下子行业成交占比和成交增幅 3．关注行业内热销店铺排行 4．关注行业内飙升宝贝排行		
教学知识与能力要求	1．熟悉数据魔方对行业进行整体分析的方法 2．能够熟练讲解对热销店铺和热销宝贝的属性等数据的分析 3．能够充分利用校企合作资源给学生提供数据魔方的实践环境 4．有良好的职业教育理念和丰富的高职教学一线经验		
学生知识与能力准备	1．熟悉网店的特点和产品特点 2．熟悉简单行业分析和量子统计行业分析 3．熟悉宝贝的属性分析		
教学材料	1．教材《网店数据分析》 2．淘宝店铺 3．量子恒道统计、数据魔方 4．考核与评价表		
使用工具	淘宝搜索、淘宝指数、量子恒道、数据魔方		
步骤	工作过程	教学方法建议	学时
1．资讯	1．教师详细描述工作目标、任务要求，讲解本任务的主要流程和注意事项 2．小组确定成员分工，讨论分析工作任务进行分解，熟知相关任务的准备知识	讲授法 案例法 引导法	2
2．计划	1．各小组制订工作计划，编制任务完成流程和主要方案 2．教师审核各小组的工作计划，并给予对比和点评	讲授法 小组讨论法 自主探究法	1
3．决策	1．学生小组讨论确定最优方案 2．教师引导学生正确交流和合作	小组讨论法 多媒体演示法	1

续表

步骤	工作过程	教学方法建议	学时
4．实施	1．教师讲授并演示行业分析和注意事项 2．学生分小组按照制定的工作计划开始具体实施执行，有关数据魔方的使用，可以利用校企合作企业资源开展	多媒体演示法 小组协作法	1
5．检查	1．学生汇报本次任务的计划和实施过程，回答指导老师、企业专家和其他小组的提问，将本任务的执行亮点给予展示 2．教师、企业专家和学生评委对小组进行点评		1
6．评估	1．小组自评：小组成员对本小组开展本次任务的结果和过程给予评价 2．小组互评：各小组对其他小组的汇报情况进行评价 3．教师评价：教师根据每一个小组的情况，指出每个小组的优点和缺点 4．企业点评：企业专家根据市场的需求，以市场人才培养的视角进行点评，并提出改进的意见	多媒体演示法 小组讨论法	

【任务描述】

通过使用量子恒道、数据魔方等工具的统计数据，对所在行业进行详细分析，实时掌握行业整体情况，并了解自己在行业中的位置。

具体任务描述如下：

通过分析行业整体情况、子行业排行、热销店铺排行、飙升宝贝排行等数据报表对行业进行详细分析，实时掌握自己店铺在行业中的位置。

【任务要求】

1．准确得出具体任务描述的各种数据报表

2．根据数据分析行业发展趋势

3．准确判断网店在行业中的位置

4．小组自评及互评，写出小组结论

5．接受指导老师与企业专家的评价

【学习目标】

1．掌握行业分析的各种报表方法

2．分析数据了解行业整体情况

3．学会团队合作的工作方法

4．训练吃苦耐劳、严谨细致的职业素质

任务一　行业整体详细分析

【资讯—获取信息】

_____

_____

_____

_____

_____

_____

_____

_____

_____

_____

_____

【制订计划并作出决策】

_____

_____

_____

_____

_____

_____

_____

_____

_____

_____

_____

【**实施计划**】

_____

_____

_____

_____

_____

_____

_____

_____

_____

_____

【**学习任务检查与评价**】

表 8-2　任务一 考核与评价表

序号	指标 / 标准	注释	教师评分	小组互评	考核结果
工具使用					
1	能否熟练使用数据分析工具得出报表				
2	运用工具是否合理				
3	能否得出正确的数据报表				
报表数据分析					
1	能否准确分析报表数据				
2	行业整体详细分析是否准确				
合理性					
1	数据分析结果的运用情况				
2	使用六步法完成学习任务的系统性和完整性				

任务二　同行对比分析

表 8-3　同行对比分析

任务二：同行对比分析			学时：6	
学习目标	店铺发展起来了，要更多的关注同行的数据，每天注意新进的店铺，哪些成长的快，哪些销量大幅升高，哪些店铺在进行促销，这些都是店铺成熟期间要注意的数据			
学习型工作任务	1. 用量子恒道统计店铺对比数据，跟同行比差距 2. 用数据魔方第一时间比较自己店铺的分时对比 3. 用数据魔方第一时间比较自己店铺在同行中的表现情况 4. 用数据魔方第一时间比较同行中的排行榜			
教学知识与能力要求	1. 能够分析店铺成熟期的行业现状前景 2. 能够熟练讲解自有店铺跟行业内其他店铺的对比分析 3. 能够分析自有店铺的分时分析和自有店铺在行业中的位置 4. 能够充分利用校企合作资源给学生提供数据魔方的实践机会 5. 有良好的职业教育理念和丰富的高职教学一线经验			
学生知识与能力准备	1. 熟悉量子恒道的运用 2. 熟悉数据魔法登录和查看			
教学材料	1. 教材《网店数据分析》 2. 淘宝店铺 3. 量子恒道统计、数据魔方 4. 考核与评价表			
使用工具	淘宝搜索、淘宝指数、量子统计、数据魔方。			
步骤	工作过程		教学方法建议	学时
1. 资讯	1. 教师详细描述工作目标、任务要求，讲解本任务的主要流程和注意事项 2. 小组确定成员分工，讨论分析工作任务进行分解，熟知相关任务的准备知识		讲授法 案例法 引导法	2
2. 计划	1. 各小组制订工作计划，编制任务完成流程和主要方案 2. 教师审核各小组的工作计划，并给予对比和点评		讲授法 小组讨论法 自主探究法	1
3. 决策	1. 学生小组讨论确定最优方案 2. 教师引导学生正确交流和合作		小组讨论法 多媒体演示法	1

续表

步骤	工作过程	教学方法建议	学时
4．实施	1．教师讲授并演示开店的流程和注意事项，进一步熟悉商家和产品特点 2．学生分小组按照制订的工作计划开始具体实施执行	多媒体演示法 小组协作法	1
5．检查	1．学生汇报本次任务的计划和实施过程，回答指导老师、企业专家和其他小组的提问，将本任务的执行亮点给予展示 2．教师、企业专家和学生评委对小组进行点评		
6．评估	1．小组自评：小组成员对本小组开展本次任务的结果和过程给予评价 2．小组互评：各小组对其他小组的汇报情况进行评价 3．教师评价：教师根据每一个小组的情况，指出每个小组的优点和缺点 4．企业点评：企业专家根据市场的需求，以市场人才培养的视角进行点评，并提出改进的意见	多媒体演示法 小组讨论法	1

【任务描述】

店铺发展起来了，要更多的关注同行的数据，每天注意新进的店铺，哪些成长的快，哪些销量大幅升高，哪些店铺在进行促销，这些都是店铺成熟期间要注意的数据。

具体任务描述如下：

用数据魔方第一时间比较自己店铺在同行中的表现情况，比较同行中的排行榜，用量子恒道跟同行比差距。

【任务要求】

1．掌握量子恒道和数据魔方不同工具的数据对比的使用

2．掌握正确得出报表的方法

3．正确分析报表，对同行数据进行对比

4．小组自评及互评，写出小组同行对比情况的报告

5．接受指导老师与企业专家的评价

【学习目标】

1．掌握同行数据报表的查看方法

2．能判断自己店铺的地位和同行的竞争情况

3．学会团队合作的工作方法

4．训练吃苦耐劳、严谨细致的职业素质

任务二　同行对比分析

【资讯—获取信息】

【制订计划并作出决策】

【实施计划】

_____

_____

_____

_____

_____

_____

_____

_____

_____

_____

_____

_____

【学习任务检查与评价】

表 8-4　任务二 考核与评价表

序号	指标 / 标准	注释	教师评分	小组互评	考核结果
工具使用					
1	能否熟练使用数据分析工具得出报表				
2	运用工具是否合理				
3	能否得出正确的数据报表				
报表数据分析					
1	能否准确分析报表数据				
2	同行对比分析是否准确				
合理性					
1	数据分析结果的运用情况				
2	使用六步法完成学习任务的系统性和完整性				

任务三　品牌建设分析

表 8-5　品牌建设分析

任务三：品牌建设分析		学时：6	
学习目标	掌握热销品牌、飙升品牌排行，品牌成交、关注、竞争规模，品牌在行业下的成交分布、品牌下的热销店铺排行		
学习型工作任务	1. 分析热销品牌、飙升品牌排行 2. 分析品牌成交、关注、竞争规模 3. 分析品牌在行业下的成交分布、品牌下的热销店铺排行		
教学知识与能力要求	1. 能够分析哪些品牌热销和飙升 2. 能够分析品牌的竞争规模和关注程度 3. 能够分析品牌的成交分布和热销店铺排行 4. 有良好的职业教育理念和丰富的高职教学一线经验		
学生知识与能力准备	1. 熟悉使用数据魔方 2. 能根据品牌的竞争情况规划自己的品牌建设		
教学材料	1. 教材《网店数据分析》 2. 淘宝店铺 3. 量子恒道统计、数据魔方 4. 考核与评价表		
使用工具	淘宝搜索、淘宝指数、量子恒道、数据魔方		
步骤	工作过程	教学方法建议	学时
1. 资讯	1. 教师详细描述工作目标、任务要求，讲解本任务的主要流程和注意事项 2. 小组确定成员分工，讨论分析工作任务进行分解，熟知相关任务的准备知识	讲授法 案例法 引导法	2
2. 计划	1. 各小组制订工作计划，编制任务完成流程和主要方案 2. 教师审核各小组的工作计划，并给予对比和点评	讲授法 小组讨论法 自主探究法	1
3. 决策	1. 学生小组讨论确定最优方案 2. 教师引导学生正确交流和合作	小组讨论法 多媒体演示法	1
4. 实施	1. 教师讲授并演示品牌分析技巧，引导学生分析自有网店的品牌情况，制定品牌策略 2. 学生分小组按照制定的工作计划开始具体实施执行。	多媒体演示法 小组协作法	1

步骤	工作过程	教学方法建议	学时
5. 检查	1. 学生汇报本次任务的计划和实施过程，回答指导老师、企业专家和其他小组的提问，将本任务的执行亮点给予展示 2. 教师、企业专家和学生评委对小组进行点评		
6. 评估	1. 小组自评：小组成员对本小组开展本次任务的结果和过程给予评价 2. 小组互评：各小组对其他小组的汇报情况进行评价 3. 教师评价：教师根据每一个小组的情况，指出每个小组的优点和缺点 4. 企业点评：企业专家根据市场的需求，以市场人才培养的视角进行点评，并提出改进的意见	多媒体演示法 小组讨论法	1

【任务描述】

网店发展到一定的阶段，除了要做好买家分析、宝贝爆款、竞争对手分析等数据分析以外，还要注重品牌分析，更多精力要放在品牌的建设、维护方面，才能使得网店生命周期更长。

具体任务描述如下：

分析热销品牌、飙升品牌排行，分析品牌成交、关注、竞争规模，分析品牌在行业下的成交分布、品牌下的热销店铺排行等报表，制定网店品牌策略。

【任务要求】

1. 掌握品牌分析各种报表的得出和解读
2. 制定网店品牌策略
3. 小组自评及互评，写出小组结论
4. 接受指导老师与企业专家的评价

【学习目标】

1. 掌握数据魔方品牌分析的方法
2. 通过品牌分析的各种数据报表分析行业品牌竞争情况
3. 制定网店品牌策略
4. 学会团队合作的工作方法
5. 训练吃苦耐劳、严谨细致的职业素质

任务三　品牌建设分析

【资讯—获取信息】

【制订计划并作出决策】

【实施计划】

_____

_____

_____

_____

_____

_____

_____

_____

_____

_____

_____

【学习任务检查与评价】

表 8-6　任务三 考核与评价表

序号	指标/标准	注释	教师评分	小组互评	考核结果
工具使用					
1	能否熟练使用数据分析工具得出报表				
2	运用工具是否合理				
3	能否得出正确的数据报表				
报表数据分析					
1	能否准确分析报表数据				
2	品牌分析是否准确				
合理性					
1	数据分析结果的运用情况				
2	使用六步法完成学习任务的系统性和完整性				

任务四　顾客精细分析

表 8-7　顾客精细分析

任务四：顾客精细分析		学时：6	
学习目标	能分析店铺买家性别、年龄、地域分布，做好货源推荐，能分析店铺热销宝贝的浏览来源、顾客流失情况、流失顾客去其他店买了什么		
学习型工作任务	1．分析买家性别、年龄、地域分布，做好货源推荐 2．分析店铺热销宝贝的浏览来源 3．分析顾客流失情况 4．分析流失顾客去其他店买了什么		
教学知识与能力要求	1．熟悉量子恒道和数据魔方 2．能够熟练讲解流量分析 3．有良好的职业教育理念和丰富的高职教学一线经验		
学生知识与能力准备	1．熟悉流量的分布情况 2．熟悉量子统计和数据魔方		
教学材料	1．教材《网店数据分析》 2．淘宝店铺 3．量子恒道统计、数据魔方 4．考核与评价表		
使用工具	淘宝搜索、淘宝指数、量子恒道、数据魔方		
步骤	工作过程	教学方法建议	学时
1．资讯	1．教师详细描述工作目标、任务要求，讲解本任务的主要流程和注意事项 2．小组确定成员分工，讨论分析工作任务进行分解，熟知相关任务的准备知识	讲授法 案例法 引导法	2
2．计划	1．各小组制订工作计划，编制任务完成流程和主要方案 2．教师审核各小组的工作计划，并给予对比和点评	讲授法 小组讨论法 自主探究法	1
3．决策	1．学生小组讨论确定最优方案 2．教师引导学生正确交流和合作	小组讨论法 多媒体演示法	1
4．实施	1．教师讲授并演示分析顾客数据，注意展示真实案例和真实过程 2．学生分小组按照制订的工作计划开始具体实施执行	多媒体演示法 小组协作法	1

续表

步骤	工作过程	教学方法建议	学时
5．检查	1．学生汇报本次任务的计划和实施过程，回答指导老师、企业专家和其他小组的提问，将本任务的执行亮点给予展示 2．教师、企业专家和学生评委对小组进行点评		
6．评估	1．小组自评：小组成员对本小组开展本次任务的结果和过程给予评价 2．小组互评：各小组对其他小组的汇报情况进行评价 3．教师评价：教师根据每一个小组的情况，指出每个小组的优点和缺点 4．企业点评：企业专家根据市场的需求，以市场人才培养的视角进行点评，并提出改进的意见	多媒体演示法 小组讨论法	1

【任务描述】

在网店发展到一定阶段后，随着网店的排名更靠前，综合实力和品牌建设越来越好，流量会跟着大幅提升，但也意味着竞争会越来越大。如何在提高流量的同时，更好地留住顾客，提高转化率，也变得越来越重要。

具体任务描述如下：

分析店铺热销宝贝的浏览来源、顾客流失情况、流失顾客去其他店的消费情况，制定留住顾客的策略。

【任务要求】

1．顾客分析各种报表的查看

2．分析顾客流失的原因及制定策略

3．小组自评及互评，写出小组结论

4．接受指导老师与企业专家的评价

【学习目标】

1．掌握各种顾客分析报表的使用

2．能分析报表数据，制定相应策略

3．学会团队合作的工作方法

4．训练吃苦耐劳、严谨细致的职业素质

任务四　顾客精细分析

【资讯—获取信息】

【制订计划并作出决策】

【实施计划】

_____

_____

_____

_____

_____

_____

_____

_____

_____

_____

【学习任务检查与评价】

表 8-8　任务一 考核与评价表

序号	指标 / 标准	注释	教师评分	小组互评	考核结果
	工具使用				
1	能否熟练使用数据分析工具得出报表				
2	运用工具是否合理				
3	能否得出正确的数据报表				
	报表数据分析				
1	能否准确分析报表数据				
2	顾客策略是否可行				
	合理性				
1	数据分析结果的运用情况				
2	使用六步法完成学习任务的系统性和完整性				

参考文献

1．严中华．职业教育课程开发与实施——基于工作过程系统化的职教课程开发与实施 [M]．北京：清华大学出版社，2009．

2．淘宝大学．网店推广核心工具 [M]．北京：电子工业出版社，2013．

3．http://lz.taobao.com．

4．http://mofang.taobao.com/．

5．http://wenku.baidu.com/．